『인물로 배우는 펀펀 역사』의 특징

초등학생들에게 역사는 어렵게만 느껴집니다. 연대와 인물 이름, 업적 등을 외우다 보면 끝이 나지요. 게다가 어려운 단어들이 많아 어른도 머리를 내두를 정도입니다. 그러니 저학년에게는 '접근 불가' 과목처럼 보이지요.

『인물로 배우는 펀펀 역사』 시리즈는 이렇게 화석처럼 갇혀 답답한 역사를 동화만큼 흥미진진하게 구성했습니다. 역사적 사실을 변형시키거나 빼놓지 않으면서도, 통통 튀고 살아서 움직이며 머리에 쏙쏙 들어오게 서술했습니다.

열두 명의 인물들이 남긴 주요 업적과 어렸을 적부터 품었던 생각을 공부하다 보면 저절로 꿈을 탐색하고 인성을 키우는 데도 도움이 될 것입니다.

모든 인물은 시사와 연계해 흥미와 현실감을 높였습니다. 그리고 역사적 인물들에게서 얻은 교훈을 바탕으로 문제 해결 능력과 비판적 사고력, 구술 능력을 극대화할 수 있도록 만들었습니다.

인물사

4호에서 다룬 인물

온조, 을파소, 이사부, 대조영, 서희, 황희, 대장금, 광해군, 조엄, 정약용, 박에스더, 김구 등 열두 명의 역사적 인물을 소개하며 인물과 관련된 역사를 배우도록 했습니다.
★역사적 인물들이 살던 시대의 특징과 그들이 어렸을 적부터 품었던 생각을 분석했습니다.
★역사적 인물들이 이룩한 업적과 그 업적을 이루는 과정은 물론 본받을 점을 문제로 제시했습니다.

부록

★한눈에 보는 한국사 연표
★문제 출제 의도와 해설이 담긴 답안과 풀이
★지침서는 홈페이지(www.niefather.com)에 탑재
 전화(1577-3537)로 신청하셔도 이메일로 보내드립니다.

인물로 배우는
펀펀 역사 |4호|

차례 보기

1	백제를 세운 온조	3
2	굶주리는 고구려 백성을 구한 을파소	9
3	울릉도를 신라 땅으로 만든 이사부	15
4	고구려를 이은 발해 세운 대조영	21
5	고려를 구한 외교관 서희	27
6	가난해도 마음 부자로 산 황희	33
7	임금의 의사가 된 대장금	39
8	백성을 위한 지혜로 전쟁 막은 광해군	45
9	고구마 들여와 백성을 구한 조엄	51
10	백성의 편안한 삶을 고민한 정약용	57
11	우리나라 최초의 여성 의사 박에스더	63
12	민족의 위대한 지도자 김구	69
	답안과 풀이	75

1. 백제를 세운 온조

온조는 누구인가

온조(재위 서기전 18~서기 28)는 백제를 세운 왕이에요. 그는 고구려의 왕자로 태어났지요. 그런데 나라를 세우려는 뜻을 품고 남쪽으로 내려와 한강 근처에 자리를 잡았어요. 온조는 성을 쌓고, 백성들이 편안하게 살 수 있는 나라를 만들고 싶었어요. 그래서 남쪽의 주변 나라를 빼앗아 땅을 넓혔어요. 백성을 사랑하는 온조가 나라를 다스리는 동안 백제는 눈부시게 발전했답니다.

▲ 우표에 그려진 온조왕.

함께 읽으면 좋은 책

『오백년 숨결 너머 **사라진 백제 왕성**』
정종숙 지음, 한솔수북 펴냄, 62쪽

주인공 민규의 시간 여행을 통해, 백제 시대의 생활 모습을 알 수 있어요.

생각하며 읽기

나라 세우려는 뜻 품고 한강 주변으로 내려와

▲ 충남 부여 백제 문화단지에 있는 위례성의 모습.

　온조는 고구려의 왕자로 태어났어요. '온조'라는 이름은 '하늘이 내린 따뜻한 복'이라는 뜻입니다. 그는 이름처럼 어려서부터 효심이 깊고 인정이 많았어요.
　온조는 원래 고구려의 왕이 되려고 했어요. 그는 용감한 왕이 되기 위해 말타기와 활쏘기 등 무예 훈련에 힘썼어요. 하지만 온조의 큰형이 왕위를 물려받았어요.
　그래서 온조는 나라를 세우기 위해 자기를 따르는 무리를 이끌고 고구려를 떠났어요. 남쪽으로 내려온 온조는 물이 풍부하고 기름진 한강 근처의 산에 올라 나라를 세우기 적당한 곳을 찾았어요. 그때 한강 주변에는 온조를 위협할 나라가 없어 그곳에 바로 자리를 잡을 수 있었죠.
　온조는 지금의 서울 송파구 지역에 위례성(지금의 풍납토성)을 쌓고 나라 이름을 백제라고 지었어요. '백제'의 백은 '많다'는 뜻으로, '모든 백성이 따른다'고 해 지은 이름이에요. 온조는 백제를 다스리는 내내 따뜻한 마음으로 백성을 보살폈어요.

외적 물리치며 마한 등 주변 국가들 정복

▲ 말 타는 온조. 서울 청계천 등축제에서 옛날 모습을 상상해 보여 주고 있다.

온조가 백제를 세운 지 얼마 지나지 않았을 때였어요. 북쪽에서 살던 말갈족이 자주 쳐들어와 백성을 괴롭혔어요. 그래서 온조는 적들이 백제를 넘보지 못하도록 군사를 기르고 성을 튼튼하게 쌓았답니다.

말갈족이 서기전 11년에 위례성에 침입했을 때 온조는 앞장서서 싸워 적군을 크게 물리쳐 지금의 강원도까지 쫓아냈어요. 말갈족이 한 번은 성 앞까지 쳐들어왔어요. 온조는 성문을 굳게 닫고 막아 낸 뒤 식량이 떨어져 도망치는 적군을 공격했어요. 그리고 적의 군사 500명을 사로잡아 부하와 신하들에게 나눠 주었죠.

온조는 백제의 땅을 넓히기 위해 주변 국가들과 전쟁도 자주 벌였어요. 이웃에 있던 마한의 부족들을 하나씩 정복해 나갔지요.

온조는 백제를 다스리면서 나라를 강하게 만들고, 백성을 편안하게 해 오늘날까지 존경 받는 왕이 되었답니다.

이것만은 꼭!

풍납토성

서울시 송파구에 있는 백제 초기의 성. 사방에 나무 기둥을 세우고 그 안에 흙을 다져 만든 너비 40미터, 높이 9미터에 이르는 동양 최대의 토성이다. 온조는 풍납토성을 쌓아 외적의 침입을 막고, 백성이 안전하게 살 수 있도록 했다.

▲ 풍납토성을 발굴하는 모습.

말갈족

우리나라 북쪽과 중국 만주에 살았던 민족. 한때 고구려와 발해에 지배당하며 살았으나, 이들이 망한 뒤 따로 나라를 세웠다. 남쪽의 백제와 신라를 자주 침략했다. 백제는 말갈족을 막기 위해 성을 튼튼히 쌓고 군사를 길렀다.

▲ 말을 타고 활을 쏘는 말갈족.

마한

서기전 1세기~서기 3세기에 경기도와 충청도, 전라도에 있었던 54개의 작은 나라. 하나의 나라는 여러 개의 마을로 이뤄졌는데, 각각의 마을은 우두머리가 다스렸다. 그러나 큰 국가로 발전하지 못했고, 4세기 백제에 멸망했다.

▲ 마한 백성이 살던 집. 풀로 엮고 갈대로 지붕을 얹었다.

생각이 쏙쏙

1 온조가 남쪽으로 내려와 나라를 세운 까닭은 무엇인가요?

> 나, 온조는 고구려의 왕이 되고 싶었다. 그래서 매일 _____와 _____등 무예 훈련에 힘썼다. 하지만 아버지는 갑자기 나타난 _____에게 왕위를 물려주었다. 이제 내 뜻을 펼치기 위해 따로 나라를 세우기로 결심했다.

2 온조가 백제를 세우기 위해 한강 주변에 자리 잡은 이유를 세 가지만 말해 보세요.

3 온조왕이 동양 최대의 토성인 풍납토성을 쌓을 때, 백성을 어떤 말로 격려했을까요?

> 나무 기둥 사이에 판자를 대고 흙을 다져 성을 쌓는 이 일은 무척 힘든 줄 알고 있소. 하지만 백성들이여! 조금만 더 서두릅시다. 이 성이 완성되면 _____ _____ _____ 좋은 점이 있을 것이오.
> 그러니 나 온조를 믿고 따르시오!

머리에 쏘옥

온조와 비류

온조가 나라를 세우려고 남쪽으로 내려올 때, 형 비류도 같이 왔어요. 그들은 한강 근처의 산에 올라 살 만한 땅을 찾아보았어요.

하지만 두 형제는 나라를 어느 곳에 세울지를 놓고 의견이 달랐어요. 온조는 땅이 기름지고 물이 깨끗한 한강 부근에 자리 잡고 싶어했고, 비류는 바닷가 근처에 나라를 세우려고 했지요.

그래서 비류는 좀 더 남쪽으로 내려가 바닷가에 자리를 잡았어요. 하지만 그곳은 땅이 질퍽하고 물이 짜 농사를 짓기 어려웠어요. 비류는 자신의 결정을 후회하고 온조가 세운 백제로 돌아왔어요. 온조는 비류와 의견은 달랐어도 형이 데려온 백성을 따뜻하게 맞아 주었죠.

▲ 온조가 세운 백제는 땅이 기름져 농사가 잘되어 백성이 넉넉하게 살 수 있었다.

 생각이 쑥욱

4 옛날에는 왕이 죽기 전에 미리 그 뒤를 이을 태자를 정해 두었어요. 온조가 자신의 아들을 태자로 임명하면서 무슨 부탁을 했을까요?

 머리에 쏘옥

백제 온조 우표

백제 온조 특별 우표에는 온조가 백제를 세운 과정이 역사책을 보듯 재미있고 자세하게 나와 있답니다. '우리 문화 바로 세우기'의 하나로 만든 특별 우표죠.

이 우표는 우리 민족의 뿌리와 역사에 관한 관심을 높이기 위해 고구려, 백제, 신라가 세워진 이야기를 담은 특별 우표로, 2008년부터 나왔어요.

 아버지의 뜻을 이어받아 백제를 더 강하게 만들어 백성들이 편안하게 살 수 있도록 노력하겠습니다.

5 우리 문화를 바로 알리기 위해 우정사업본부는 '백제 온조 우표'를 만들었어요. 이 우표에 관해 친구들이 묻는다면 어떻게 대답할지 말해 보세요(300~400자).

▲ 온조왕 우표.

2 굶주리는 고구려 백성을 구한 을파소

을파소는 누구인가

▲ 을파소

고구려의 을파소(?~203)는 시골에서 농사를 짓다가 임금 다음으로 높은 관리(지금의 공무원)에 올랐습니다. 그는 가난한 백성들에게 곡식을 빌려주고 형편이 좋아졌을 때 갚게 하는 법을 만들었습니다. 그래서 굶주리는 백성들의 목숨을 구하고, 백성들이 빚을 져서 귀족의 노비가 되는 것을 막아 주었답니다.

함께 읽으면 좋은 책

『지혜로운 명재상 을파소』
김부식 지음, 한국셰익스피어 펴냄, 42쪽

을파소가 진대법을 만들어 굶주림에서 백성들을 구한 이야기가 담겨 있습니다.

생각하며 읽기

농부에서 가장 높은 관리가 되다

▲ 지난 2007년 MBC에서 방송된 역사 드라마 '태왕사신기'에 나오는 고구려의 서울인 국내성 모습.

　을파소의 할아버지는 높은 관리였는데, 힘이 센 귀족들에게 미움을 사서 쫓겨났습니다. 이 때문에 을파소는 시골에서 농사를 지으며 살아야 했지요. 하지만 그는 커서 가난한 백성들을 도우려고 공부를 열심히 했어요.

　고향 마을에 가뭄이 심하게 들자 마을 사람들은 농사를 짓지 못하게 되었어요. 이때 을파소가 땅을 길게 판 뒤 물길을 내서 강물을 끌어왔어요. 농사를 지을 수 있게 된 마을 사람들은 기뻐하며 지혜로운 을파소를 존경했습니다.

　고국천왕(재위 179~97)은 191년에 나라를 위해 일할 훌륭한 사람을 추천하라고 신하들에게 말하자, 안류(?~?)를 올렸어요. 그런데 안류는 자신이 큰일을 할 사람이 못 된다며, 을파소를 추천했답니다.

　고국천왕은 을파소에게 오늘날의 장관 자리를 주었습니다. 하지만 을파소는 백성을 괴롭히는 귀족과 관리를 다스리려면 더 큰 힘이 필요하다고 말했습니다. 그래서 고국천왕은 을파소에게 임금 다음으로 높은 국상(오늘날의 국무총리)을 주었답니다.

> **이런 뜻이에요**
> **귀족** 신분이 높아 특권을 누리는 사람.

가난한 백성을 돕기 위해 법을 만들다

을파소는 나라의 잘못된 점을 바로잡기 위해 먼저 세금을 함부로 쓰는 관리를 잡아들였습니다. 또 관리들이 백성에게 빼앗은 재산을 돌려주게 했습니다. 백성들은 그때 관리나 귀족의 힘에 눌려 어렵게 살았습니다. 흉년이 들어 많은 백성이 굶주릴 때는 대궐 창고의 문을 열고 식량을 나눠 주게 했지요.

▲ 가을이 되어 수확할 때가 된 벼.

하지만 백성을 잘살게 하려면 나쁜 일이 생긴 뒤 임시로 해결할 게 아니라, 근본적인 해결 방법이 필요하다고 생각했지요.

백성들은 그때 흉년이 들면 귀족들에게서 비싼 이자를 물고 곡식을 빌렸습니다. 이를 갚지 못 하면 집과 땅을 빼앗겼고, 자식을 노비로 보내야 했습니다.

▲ 봄에 곡식을 빌려가는 농민의 모습.

을파소는 194년에 가난한 백성들을 돕기 위해 진대법을 만들었습니다. 진대법이란 식량이 떨어진 봄에 나라에서 백성들에게 곡식을 빌려주고, 가을에 수확한 뒤 돌려받는 제도였어요.

백성들은 이 법 덕분에 귀족들에게 곡식을 빌리지 않아도 되었고, 빌린 곡식을 갚지 못해 귀족의 노비가 되는 사람도 줄었습니다.

이런 뜻이에요

세금 나라의 살림을 위해 국민들이 내는 돈.
이자 남에게 돈을 빌려 쓴 대가로 따로 붙여주는 돈이나 물건.
노비 신분이 가장 낮은 사람들로, 귀족들의 시중을 들었다.

 이것만은 꼭!

진대법을 만든 까닭

옛날에는 밭에 곡식을 심어 수확하려면 5월은 되어야 했습니다. 그래서 가을에 수확한 곡식으로 다음해 5월까지 견디는 동안 식량이 떨어져 굶는 백성이 많았죠. 을파소는 이런 백성들을 위해 진대법을 만들었습니다. 빌려준 곡식을 받을 때는 이자를 조금 받았는데, 형편이 나쁜 백성에게는 받지 않았습니다.

▲ 곡식을 빌려 가는 모습.

고국천왕

고구려 9대 왕(재위 179~197)입니다. 다른 나라의 침략을 막아 내고, 왕의 자리를 빼앗으려는 귀족들도 물리쳤습니다. 그리고 을파소와 함께 백성을 편하게 하는 정치를 했어요. 백성이 고통을 당하는 것은 왕의 잘못이라고 생각했기 때문입니다. 그래서 을파소에게 백성을 도울 방법을 찾으라고 해서 진대법을 만든 것입니다.

▲ 고국천왕

귀족들의 생활

고구려인들은 귀족과 평민, 노비 신분으로 나뉘어 있었어요. 그런데 신분에 따라 집과 음식, 옷 등에서 차이가 있었죠. 귀족은 나라를 다스리고, 넓은 땅을 차지했어요. 부엌과 우물, 고기창고 등을 갖춘 기와집에서 살았죠. 옷은 소매가 넓고 화려한 선을 단 저고리와 통이 넓은 바지를 입었답니다.

▲ 고구려의 옛날 무덤 벽에 그려진 그림. 작게 그려진 노비들이 크게 그려진 귀족들의 시중을 들고 있다.

 생각이 쑤욱

1 을파소가 백성을 돕고 나라를 위해 한 일을 아는 대로 이야기하세요. 그리고 을파소가 어떤 마음을 가지고 이러한 일을 했는지 말해 봐요.

▲ 나라를 보호하는 성을 쌓기 위해 일을 하는 백성들.

 머리에 쏘옥

관리들의 마음가짐

능력은 없고 욕심만 많은 사람들이 관리가 되면 어떻게 될까요. 나라나 백성을 위한 일은 하지 않고 오직 자신의 욕심만 채우기 위해 노력하겠지요.

이러한 관리가 많을수록 백성의 생활은 힘들어집니다.

고국천왕이 나라를 위하고 백성을 사랑하는 마음을 가진 을파소를 국상으로 앉힌 까닭은, 관리들의 잘못을 바로잡고, 백성을 편안하게 살 수 있도록 하기 위함이었습니다.

2 을파소는 왜 귀족과 관리를 다스리려면 더 큰 힘이 필요하다고 했을까요?

 생각이 쑥쑥

3 진대법이 만들어진 뒤 백성의 생활이 어떻게 달라졌을까요?

▲ 고구려의 옛날 무덤 벽에 그려진 부엌 모습.

4 지금도 고구려 때처럼 가난한 사람들이 많습니다. 내가 국무총리라면 가난한 사람들을 어떻게 도울지 말해 보세요.

 머리에 쏘옥

나라에서는 가난한 사람들을 도와요

우리나라는 지금도 고구려 때처럼 가난하거나 갑자기 어려움을 당한 사람들이 적지 않습니다.

나라에서는 돈이 없어 생활하기 어려운 사람들에게는 생활비를 지원합니다. 일자리를 잃은 사람에게는 일자리를 구할 때까지 생활비를 주지요. 혼자 사는 노인에게도 생활비를 주고, 장애인들에게는 세금을 깎아 주거나 받지 않습니다.

▲ 나라에서는 외롭게 혼자 사는 노인들이 모여서 함께 살 수 있는 집을 지어 줍니다.

3 울릉도를 신라 땅으로 만든 이사부

이사부는 누구인가

이사부(?~?)는 왕족이자 신라 시대의 장군입니다. 그는 항상 귀족과 백성에게 모범이 되려고 노력했어요. 어려서부터 산과 강으로 다니며 무예를 익히고, 열심히 공부했지요. 그때는 신라가 우산국 때문에 골치가 아팠어요. 우산국은 오늘날 울릉도에 있었던 나라인데, 틈만 나면 배를 타고 쳐들어와 사람을 죽이고 물건을 훔쳐갔기 때문이죠. 그래서 이사부 장군은 512년 우산국을 공격해 신라 땅으로 만들었어요. 그 뒤 우산국의 땅이었던 울릉도와 거기에 딸린 독도는 우리 땅이 되었답니다.

▲ 이사부

함께 읽으면 좋은 책

『**우산국을 차지하다 이사부**』

우리역사연구회 지음, 엠엘에스(MLS) 펴냄, 40쪽

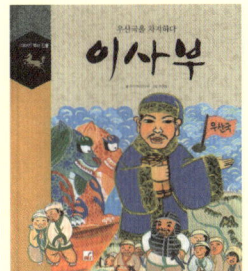

이사부가 나무사자를 이용해 우산국을 공격해 이기는 과정을 알 수 있습니다.

생각하며 읽기

어려서부터 백성들에게 왕족 모범 보이려 노력

이사부는 어렸을 적부터 아버지에게 왕족은 귀족과 백성에게 모범을 보여야 한다고 가르침을 받았어요. 그래서 나라를 위해 앞장서 일하는 훌륭한 장군이 되어야겠다고 다짐했지요.

이사부는 친구들과 함께 산과 강으로 다니면서 공부하고 무예를 익혔어요. 그는 중국 역사책을 무척 좋아했어요. 나라를 다스리는 방법과 전쟁에서 이기는 방법 등을 배울 수 있었기 때문이었죠.

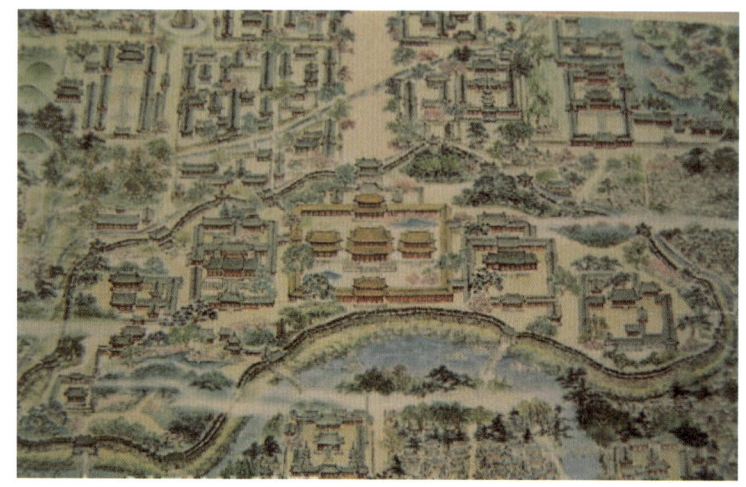

▲ 신라 궁궐인 월성을 상상해 그린 그림. 신라 궁궐이 초승달처럼 생겼기 때문에 월성이라고 불렀다.

500년에 큰아버지인 지증왕(재위 500~14)이 왕위에 올랐어요. 그때 신라는 우산국 때문에 골치가 아팠어요. 우산국은 오늘날 울릉도와 독도에 있었던 나라였는데, 신라를 자주 침입해 백성을 죽이고 물건을 훔쳐갔어요.

왕은 우산국을 혼내 주고 싶었어요. 그런데 신라의 장군들 가운데는 우산국을 치러 가겠다고 나서는 사람이 아무도 없었어요. 우산국은 육지에서 멀리 떨어진 섬나라인데다, 군사들이 난폭하다고 소문이 났기 때문이었죠. 이때 이사부가 용감하게 나섰어요. 505년 왕은 이사부를 실직주(오늘날 강원도 삼척)의 군주로 임명했어요.

꾀를 써서 신라 괴롭히던 우산국 정벌

이사부는 군사를 뽑아 훈련시키고, 백성을 모아 배를 만들게 했어요. 그때는 해군이 없었기 때문에 나라에서 가진 배는 한 척도 없었죠.

이사부는 난폭한 우산국 군사와 직접 싸워서는 이기기 어렵다고 판단했어요. 하루는 솜씨 좋은

▲ 강원도 삼척의 이사부사자공원에는 나무로 만든 사자상이 있다.

목수를 불러 나무로 사자를 만들라고 했어요. 사자는 아프리카에 사는 맹수인데, 신라인들은 다른 나라와 교류하면서 사자의 모습을 알고 있었죠.

512년에 이사부는 수십 척의 배에 군사와 나무사자를 싣고 우산국으로 쳐들어갔어요. 그는 배 위에서 우산국 왕에게 항복하지 않으면 사자를 풀어 혼내 주겠다고 큰소리를 쳤어요.

나무사자를 본 우산국 사람들은 깜짝 놀랐어요. 그들은 사자처럼 무서운 맹수를 본 적이 없었거든요. 배에 실린 나무사자는 정말로 살아 움직이는 것처럼 무서워 보였답니다.

우산국 왕은 결국 항복했지요. 그 뒤 우산국의 땅이었던 울릉도와 독도는 신라 땅이 되었어요. 이 소식을 들은 왕과 귀족들은 이사부를 지혜로운 장군이라며 칭찬했어요.

 **이것만은 꼭!**

신라 왕족

신라에서 가장 높은 신분입니다. 신라 초기에는 박씨, 석씨, 김씨가 왕족이었습니다. 356년부터는 김씨만 왕이 될 수 있었고, 왕족으로 대접했습니다. 왕족은 높은 벼슬을 할 수 있었습니다. 또 왕족끼리 결혼하는 풍습이 있었습니다. 이사부도 왕족인데, 성은 김씨고 이사부는 이름입니다.

▲ 신라 시대 천마총에 찾아낸 금관. 천마총은 왕 또는 왕족의 무덤으로 보고 있다.

우산국

삼국 시대에 지금의 울릉도에 있었던 나라입니다. 영토는 울릉도와 독도입니다. 일본 대마도와 친하게 지내면서 신라를 자주 공격했습니다. 우산국 사람들은 오징어와 명태 등의 물고기를 잡아먹고 생활했습니다. 논이 없어 밭에서 조나 피 등을 농사지었습니다.

▲ 경북 울릉군 울릉도. 우리나라 섬들 가운데 여덟 번째로 크다.

사자놀이

사자의 탈을 쓰고 노는 민속놀이입니다. 두세 명이 사자 탈을 쓰고 춤을 추며 놉니다. 신라는 아라비아인들과 교류했는데, 사자놀이는 이들이 전해 줬다고 합니다. 학자들은 이사부도 사자놀이를 보고 나무사자를 만들 생각을 했을 것으로 짐작하고 있습니다.

▲ 사자놀이는 음력 1월 15일 정월대보름날 즐기는 민속놀이다.

생각이 쑤욱

1 이사부가 백성들에게 모범이 되려고 어떤 노력을 했는지 세 가지만 얘기해 보세요.

| |
| |
| |

2 지증왕은 왜 우산국을 정벌해야겠다고 마음 먹었나요?

이사부를 보내 우산국을 정벌해야겠어.

왜냐하면 _____

_____

_____

머리에 쏘옥

지증왕

지증왕은 신라 22대 왕이에요. 신라는 우산국과 가야 등 이웃 나라의 공격을 자주 받았어요. 그는 나라의 힘을 키우기 위해 군사를 늘렸어요. 그런 뒤 이사부 등 능력 있는 장군들에게 신라를 괴롭히던 나라들을 공격하게 했지요. 그 뒤 다른 나라들이 쉽게 신라를 쳐들어오지 못했어요.

그는 백성이 잘살 수 있도록 하고 싶었어요. 그래서 소를 이용해 농사짓는 방법을 가르쳤지요. 그러자 추수한 곡식이 많아졌어요. 백성 수도 많이 늘었구요.

3 이사부가 우산국을 치기 위해 계획을 세우려고 해요. 어떤 준비를 해야 할지 두 가지만 들고, 그 이유도 생각해 봐요.

준비할 내용	이유
우산국에 대해 알아보기	적을 자세히 알아야 전쟁에서 이기는 방법을 찾을 수 있다.

생각이 쑤욱

4 신라의 왕과 귀족들이 이사부를 지혜로운 장군이라고 칭찬한 까닭을 우산국 정벌을 예로 들어 1분 동안 말해 봐요.

5 독도에는 시민들이 이름을 붙인 '독도이사부길'이 있어요. 이사부가 이룩한 공을 넣어 독도이사부길로 지은 까닭을 말해 보세요(200~300자).

머리에 쏘옥

독도

독도는 경북 울릉군에 있는 섬이에요. 우리나라의 가장 동쪽에 있는 섬이지요. 독도 주변의 바다에는 물고기 등 해산물과 자원이 많아요.

독도는 옛날 우산국의 영토였어요. 이사부가 우산국을 정복한 뒤부터 우리 땅이 되었죠.

일본은 1905년 이후 독도를 자기네 땅이라고 우기고 있어요. 이름도 독도 대신 다케시마로 붙이고요.

우리는 일본이 억지 주장을 할 때마다 이사부가 우산국을 정복했고, 우산국의 땅이었던 독도가 우리 땅이 되었다고 말하지요.

독도에는 '독도이사부길'이 있어요. 이 길의 이름에는 이사부가 독도를 우리 땅으로 만든 것을 기념하고, 일본이 억지 주장을 하지 말라는 뜻이 담겨 있답니다.

▲ 독도는 동도와 서도 등 두 개의 큰 섬과 89개의 작은 바위섬들로 이뤄져 있다.

4. 고구려를 이은 발해 세운 대조영

대조영은 누구인가

▲ 대조영

　대조영(?~719)은 고구려의 옛 땅에 발해(698~926년)라는 나라를 세운 지도자입니다. 고구려가 중국 당나라에 멸망한 뒤, 그는 가족과 함께 당나라로 끌려갔지요. 대조영은 거기서 당나라 관리들에게 괴롭힘을 당하면서도 자신이 자랑스러운 고구려인임을 잊지 않았지요. 그러다 마침내 발해를 세우고 임금이 되었으며, 고구려의 옛 땅을 되찾을 수 있었답니다.

함께 읃으면 좋은 책

『고구려의 옛 땅에 발해를 세운 민족의 영웅 대조영』
서석영 지음, 효리원 펴냄, 80쪽

　대조영이 발해를 세우기 위해 온갖 어려움을 이겨 내는 과정이 담겨 있어요.

생각하며 읽기

나라 잃고 중국 땅으로 끌려가다

대조영의 아버지는 고구려의 장군이었습니다. 대조영이 어렸을 적에 고구려는 여러 차례 당나라의 공격을 받아 큰 위기를 맞았어요. 고구려는 결국 군사력이 무척 강한 당나라의 공격을 견뎌 내지 못 해 망하고 말았습니다.

그때 고구려에는 고구려인들과 함께 말갈족도 살았습니다. 말갈족은 고구려인들과 서로 말과 풍습이 달랐지만, 평화롭게 어울려 지냈어요. 그런데 당나라는 고구려를 무너뜨린 뒤 대조영과 고구려인들은 물론 말갈족을 영주로 끌고 갔어요.

영주는 원래 거란족이 살던 곳이었습니다. 대조영은 이곳에서 당나라 관리들에게 괴롭힘을 당했어요. 하지만 자신이 자랑스러운 고구려인임을 잊지 않았어요. 아버지께서 자신이 고구려인임을 잊지 않으면 나라를 되찾을 수 있다고 말씀하셨기 때문이었죠.

▲ 당나라 군대가 고구려를 공격하는 모습을 상상해 그린 그림. 서울 용산 전쟁기념관에 있다.

▲ 2011년 나온 대조영의 발해 건국 기념 우표.

영주에 사는 사람들은 무척 힘들었습니다. 당나라 관리들이 세금을 함부로 거두었기 때문입니다. 이에 거란족이 불만을 품고 반란을 일으키자 큰 혼란이 일어났어요. 고구려인들은 이때를 틈타 고향으로 돌아가겠다고 결심합니다.

이런 뜻이에요
고구려 삼국 시대에 있었던 옛 나라. 지금의 북한과 압록강 이북의 중국 땅을 다스렸다.
영주 당나라와 옛 고구려의 중간에 있던 지역.
거란족 영주 부근에서 양과 말을 키우며 살던 민족. 나중에 요나라(916~1125)를 세우고 발해를 멸망시켰다.

고구려의 옛 땅에 발해를 세우다

이때 고구려 옛 땅은 오랫동안 사람들이 살지 않는 곳으로 버려져 있었습니다. 대조영은 아버지와 함께 고구려 사람들을 이끌고 고구려 땅을 향해 먼 길을 떠났습니다.

당나라는 군대를 보내 이들을 뒤쫓았습니다. 대조영의 아버지는 당나라 군대와 싸우다 죽었고, 이 바람에 고구려인들은 기가 죽었습니다.

대조영은 아버지의 뒤를 이어 이들의 지도자가 되었습니다. 그리고 사람들에게 용기를 주었어요. 대조영은 천문령이라는 높은 고개로 이동해 숲속에 부하들을 숨겼어요. 그리고 당나라 군대가 골짜기 깊은 곳까지 들어왔을 때 갑자기 공격해 크게 이겼어요.

대조영은 698년 백두산 북쪽에 발해를 세우고 동모산을 서울로 삼았어요. 임금이 된 대조영은 고왕(재위 698~719)이 되었어요.

대조영은 자신이 자랑스러운 고구려인임을 항상 잊지 않았습니다. 나라를 튼튼히 하는 과정에서 어려움을 용감하게 헤쳐 나갔고, 말갈족까지 너그럽게 끌어안았어요. 이런 까닭에 고구려의 옛 땅을 되찾겠다는 꿈을 이룰 수 있었답니다.

▲ KBS가 만든 역사 드라마 '대조영'의 한 장면.

▲ 발해가 다스린 땅을 나타낸 지도.

이런 뜻이에요

천문령 중국 지린성에 있는 고개. 영주에서 동모산으로 가는 길목에 있었다.

이것만은 꼭!

당나라

618년에 세워져 300년 동안 중국 땅을 다스린 나라입니다. 국가의 힘이 세고 문화가 발달해 발해는 물론 신라와 일본에도 영향을 미쳤어요. 당나라는 한반도를 차지하기 위해 여러 차례 전쟁을 일으켰지요. 660년에는 백제를 멸망시켰고, 8년 뒤에는 고구려까지 무너뜨렸어요.

▲ 당나라 때 만들어진 도자기 인형.

말갈족

고구려 때 지금의 중국 동북 지방에서 살았던 민족. 농사를 지었던 고구려 사람들과 달리 사냥과 고기잡이를 하며 살았습니다. 고구려가 멸망한 뒤에는 발해에 속했고, 발해가 멸망한 뒤에는 요나라의 지배를 받았어요. 나중에 여진족이라 불렸는데, 금나라(1115~1234)를 세워 중국의 북쪽을 지배했답니다.

▲ 말갈족의 후손인 여진족이 말을 타고 활을 쏘는 모습.

동모산

대조영이 발해를 세운 뒤 서울로 삼은 곳입니다. 백두산 북쪽에 있었는데, 지금은 중국 땅입니다. 사방이 높은 산줄기들에 둘러싸여 있고, 동북쪽으로는 강이 흐르고 있어요. 대조영은 이곳에 성을 쌓고 서울로 삼았는데, 그 까닭은 바깥에서 적이 쳐들어오는 것을 쉽게 막을 수 있었기 때문이랍니다.

▲ 대조영이 발해의 서울로 삼았던 동모산.

 **생각이 쑥쑥**

1 대조영이 고구려의 옛 땅에 발해를 세우는 꿈을 이룰 수 있었던 까닭을 세 가지만 대세요.

 머리에 쏘옥

대조영과 말갈족

　고구려 사람과 말갈족은 서로 이웃해 살면서 가깝게 지냈습니다. 하지만 생활 방식과 언어 등 문화가 서로 달랐지요.

　고구려인은 농사를 지었지만, 말갈족은 농사를 짓지 않았어요. 숲에 사는 말갈족은 사냥을 했고, 강가에 사는 말갈족은 고기잡이를 했지요.

　생활 방식 등 문화가 서로 다른 사람들 사이에는 대개 다툼이 생깁니다. 자기 집단의 것이 최고이며, 다른 집단의 것은 수준이 낮다고 생각하거든요.

　하지만 대조영이 이끄는 고구려인과 말갈족은 자기 집단의 문화가 더 좋다고 내세우지 않았습니다. 그래서 사이가 좋았지요.

　다른 문화를 너그럽게 대하려면 상대방의 문화도 자기네 문화처럼 소중하다는 것을 인정할 수 있어야 합니다.

2 대조영처럼 생활 방식과 언어가 다른 말갈족을 서로 다투지 않고 너그럽게 끌어안으려면 어떤 마음가짐을 가져야 할까요?

 생각이 쑤욱

3 대조영은 발해를 세우고 동모산을 서울로 삼았습니다. 이곳을 서울로 삼은 까닭을 말하고, 동모산의 모습을 상상해 그려 보세요.

 머리에 쏘옥

고구려와 발해의 관계

발해에는 옛 고구려 사람과 말갈족이 함께 살았어요. 고구려 사람들이 말갈족보다 수가 적었지만, 나라를 다스리는 지배층이었지요. 그래서 발해의 생활 방식 등 문화는 고구려의 영향을 많이 받았답니다.

중국은 지금 발해가 말갈족의 나라였다고 주장하고 있어요. 발해를 자기네 역사에 포함시키기 위해서지요.

말갈족의 후손은 지금 중국 땅에 살아요. 그래서 말갈족이 중심을 이룬 역사는 중국의 역사라고 억지를 부리는 것이죠.

4 중국은 지금 발해가 말갈족의 나라였다고 우기고 있어요. 중국이 이러한 주장을 하는 까닭과 중국의 주장이 옳지 않은 이유를 설명하세요.

중국은 발해가 말갈족의 나라라고 우깁니다. 중국이 이런 주장을 하는 까닭은 _____

_____

_____

하지만 이런 주장은 옳지 않습니다. _____

_____

_____

_____

5 고려를 구한 외교관 서희

서희는 누구인가

▲ 서울 용산의 전쟁기념관에 있는 서희 동상.

고려 때 중국의 북쪽에 살던 거란이 많은 군사를 이끌고 쳐들어왔어요. 그대로 있으면 전쟁이 일어나 수많은 백성이 목숨을 잃고, 나라의 땅도 빼앗겼을 것입니다. 이때 서희(942~98)가 거란의 대장과 협상을 해서 전쟁을 하지 않고 그들을 자기 나라로 돌아가게 만듭니다. 협상 과정에서 오히려 거란에게 땅을 받아 내 나라의 땅을 더 넓히지요. 거란이 전쟁을 통해 무엇을 얻으려는지 알고 협상에 나섰기 때문입니다. 그래서 서희는 우리나라 역사에서 가장 뛰어난 외교관으로 불린답니다.

함께 읽으면 좋은 책

『불과 흙의 아이 변구, 개경에 가다』
김남중 외 지음, 사계절 펴냄, 58쪽

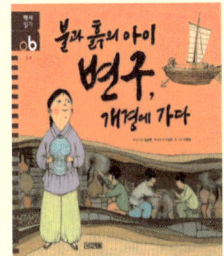

고려 시대 어린이가 일기 형식으로 쓴 글로, 고려인들이 살던 모습을 알 수 있습니다.

> 생각하며 읽기

송나라와의 관계를 친하게 만들다

서희는 고려 시대 높은 관리의 집안에서 태어났습니다. 이때는 아버지의 벼슬이 높으면 자식은 과거를 보지 않고도 관리를 할 수 있었지요. 하지만 서희는 아버지의 도움을 받지 않고 과거에 합격해 관리가 되었어요.

관리가 된 서희는 중국 송나라에 사신으로 갔어요. 그때 송나라는 고려보다 힘도 세고 문화도 더 많이 발전했어요. 그런데 나라를 세운 지 10년이 지나도 고려가 사신을 보내지 않자 고려에 단단히 화가 나 있었지요. 그래서 서희를 좋지 않게 대했답니다.

서희는 송나라 임금에게 "저희는 송나라에 오고 싶었지만 거란이 방해해 올 수 없었습니다. 그래도 송나라의 뛰어난 문화를 배우려고 어렵게 찾아왔습니다."라고 설명했지요. 그리고 앞으로 잘하겠다고 예의 바르게 말했어요.

서희의 말에 화가 풀린 임금은 고려와 친하게 지내기로 약속하고, 서희에게도 높은 벼슬을 내렸어요. 서희는 고려로 돌아온 뒤 여러 대에 걸쳐 왕을 모시면서 나라의 외교를 책임졌어요.

▲ 어린 서희가 공부하는 모습을 나타낸 조각상. 경기도 이천시에 있는 '서희테마파크'에 있다.

▲ 고려청자. 고려는 송나라의 기술을 받아들여 청자를 만들었으나, 송나라보다 훨씬 더 아름답게 만들어 냈다.

이런 뜻이에요

송나라 중국의 옛 나라. 960년부터 1279년까지 존재했다.
사신 임금이 내린 임무를 띠고 외국에 파견되는 신하.
외교 다른 나라와 정치, 경제, 문화 등 여러 면으로 관계를 맺는 일.

뛰어난 외교술로 싸우지 않고 적 내쫓아

993년 거란이 80만 명의 군사를 이끌고 고려에 쳐들어왔어요. 거란은 압록강 위쪽에 살던 민족인데, 나날이 힘이 강해지고 있었지요. 그러자 겁을 먹은 고려의 신하들이 거란에 나라의 땅 일부를 떼어 주고 항복하자고 했어요.

하지만 서희는 다르게 생각했습니다.

"거란이 쳐들어온 진짜 목적을 알면 전쟁을 하지 않아도 해결할 수 있을 것입니다."

▲ 서희(왼쪽 붉은색 옷을 입은 사람)가 거란의 대장과 협상하는 장면을 상상해 그린 그림.

서희는 거란의 대장을 만나러 갔어요. 대장이 서희에게 겁을 주며 절을 하라고 했지만 거부했어요. 상대와 같은 위치에서 협상하려면 기가 죽어서는 안 되기 때문이었죠.

서희는 거란이 쳐들어온 까닭이 고려와 송나라와의 관계를 끊게 하려는 데 있음을 알아냈어요. 거란이 송나라를 공격하려는데, 고려가 자기네 나라를 뒤에서 칠까봐 두려웠던 것이죠.

▲ 서희를 소개하는 인터넷 웹사이트(www.seohee.or.kr). 서희에 관한 여러 가지 자료가 있다.

거란의 속셈을 알아낸 서희는 오히려 거란에게 압록강 동쪽 지역을 주면 요구를 들어주겠다고 했어요. 그러자 거란은 그 땅을 고려에 주고, 자기 나라로 돌아갔답니다.

서희의 활약으로 고려는 싸우지 않고도 나라를 지켰으며, 땅도 더 넓힐 수 있었답니다.

이런 뜻이에요

압록강 우리나라와 중국 사이에 있는 우리 강.
협상 상대에게서 서로 어떤 것을 얻어내기 위해 모여 의견을 나누는 일.

 이것만은 꼭!

과거

오늘날의 공무원인 관리를 뽑는 시험이랍니다. 옛날에는 신분이 높은 집안에서 태어난 사람만 관리가 될 수 있었어요. 그래서 실력이 뛰어나도 신분이 낮으면 관리가 될 수 없었지요. 그런데 고려 때 시작된 과거는 누구나 관리가 될 수 있는 기회를 주었어요.

▲ 과거를 치르는 장면 모형. 경기도 파주교육박물관에 전시되어 있다.

거란

거란은 중국 북쪽 지역에서 양과 말, 낙타 등의 가축을 키우는 생활을 하던 민족이에요. 날씨가 추워져 가축을 키우기 어려워지면 군대를 모아 이웃 나라들과 전쟁을 치르고, 이듬해 봄에 가축을 키우는 생활로 돌아갔지요. 거란군은 말을 타는 기술이 뛰어났다고 해요.

▲ 거란의 군인과 말. 거란군은 말을 타는 기술이 뛰어나 달리는 말 위에서도 화살을 정확하게 쏠 수 있었다.

압록강 동쪽 지역(강동 6주)

고려의 서희가 거란의 대장과 협상을 통해 차지한 땅입니다. 고려는 이곳에 6개의 성을 쌓고 사람들을 살게 했어요. 나중에 이곳을 '강동 6주'라고 불렀지요. 강동 6주는 '압록강 동쪽에 있는 여섯 개의 지역'이라는 뜻이랍니다.

▲ 강동 6주가 있던 곳. 고려는 거란과 여진의 침입을 막기 위해 천리장성을 쌓았다.

생각이 쑤욱

1 다음은 초등학생이 만든 역사 신문의 일부입니다. ㉠, ㉡, ㉢에 각각 들어갈 말은 무엇인가요?

역사 신문

싸우지 않고 적을 물리친 서희

나라에서는 '우리 외교를 빛낸 인물'로 서희(사진)를 첫 번째로 꼽았다. 서희는 (㉠)를 거쳐 외교를 맡는 관리가 되었다. 그리고 993년 (㉡)이 고려를 쳐들어오자 협상을 통해 싸우지 않고도 그들을 물러가게 했다. 게다가 그들에게 (㉢)을 얻어내 고려의 땅을 넓혔다.

2 거란은 왜 고려에 쳐들어왔나요?

머리에 쏘옥

거란이 고려에 쳐들어온 까닭

고려는 918년에 나라를 세웠을 때부터 거란과 사이가 좋지 않았어요. 거란을 낮잡아 보았기 때문이죠. 그래서 거란이 고려와 친하게 지내려고 선물로 보낸 낙타 50마리를 굶겨 죽이기도 했답니다.

고려는 거란의 남쪽에 있던 송나라와는 친하게 지냈어요. 그런데 힘이 세진 거란이 중국을 모두 차지하기 위해 송나라를 공격하려는 생각을 가졌어요.

이때 거란은 고려가 송나라의 편을 들어주면 이기기 어렵다고 생각했지요. 그래서 먼저 고려를 공격해 송나라와의 관계를 끊게 하려고 했던 것입니다.

▲ 고려는 거란이 선물한 낙타 50마리를 낙타교 밑에 묶어 놓은 채 굶겨 죽였다. 낙타교는 고려 때 수도인 개경(지금의 북한)에 있었다.

생각이 쑤욱

3 서희가 거란과 협상에 성공하지 못했다면 고려에 어떤 일이 일어났을지 두 가지만 말해 보세요.

☞ 백성과 나라의 입장을 따로 생각해 봐요.

4 오늘날 서희 같은 뛰어난 외교관이 되려면 어떤 능력을 갖추어야 할지 <보기>에서 세 가지 이상 골라 설명하세요(200~250자).

<보기>
- 외국어 능력
- 뛰어난 말솜씨
- 넓고 깊이 있는 지식
- 예의 바르고 당당한 태도
- 뛰어난 상황 판단력
- 상대가 바라는 것을 알아보는 능력

머리에 쏘옥

고려에 자주 쳐들어온 거란

거란은 서희와 협상할 때 고려에게 내준 땅(강동 6주)의 중요함을 나중에 알게 되었어요. 그래서 1010년에 다시 고려에 쳐들어왔어요. 그런데 이때는 서희가 죽고 없었지요.

결국 고려는 왕이 피란을 갈 정도로 큰 피해를 당했습니다. 많은 백성과 군사가 죽었으며, 집이 불타고 논밭이 망가졌어요. 식량도 모두 빼앗겼지요.

거란은 고려의 왕이 사과한 뒤에야 돌아갔어요. 돌아가면서도 고려의 많은 백성을 잡아갔답니다.

거란은 1018년에 고려에 또 쳐들어왔어요. 다행히 강감찬(948~1031) 장군이 귀주에서 크게 물리쳤어요. 그러나 이때도 국경 근처에 살던 백성들의 피해가 무척 컸답니다.

▲ 1018년 거란이 쳐들어왔을 때 귀주에서 싸우는 장면을 그린 그림.

6 가난해도 마음 부자로 산 황희

황희는 누구인가

▲ 황희

황희(1363~1452)는 조선 시대 세종(재위 1418~50) 임금 등 여러 임금을 도와 오직 나라와 백성을 위해 일한 관리입니다. 그는 올바르고 너그러운 성품을 지녀서 정승(오늘날의 국무총리)이라는 높은 벼슬을 오래 지냈는데도 늘 가난하게 살았습니다. 외적의 침입을 막기 위해 국경을 튼튼히 하는 데도 앞장섰습니다.

함께 읽으면 좋은 책

『어린이를 위한 청백리 이야기』
임영진 지음, 어린른이 펴냄, 176쪽

황희 등 나라를 위해 올바르고 깨끗하게 일한 관리들의 이야기가 담겨 있다.

생각하며 읽기

하인들 말도 귀 기울일 정도로 배려심 깊어

황희의 집에서 부리는 여자 하인 둘이 하루는 말다툼을 심하게 했어요. 한참을 다투다가 하인 한 명이 황희에게 달려와서 누가 옳은지 가려 달라고 했어요. 황희는 "네 말이 옳다."며 그 하인의 편을 들어 주었어요. 이번에는 다른 하인이 와서 하소연하자 "네 말도 옳구나."라고 대답했어요. 옆에서 지켜보던 조카가 어찌하여 둘 다 옳다고 하시느냐고 물었어요. 그 물음에 황희는 또 "네 말도 옳구나."라고 대답했답니다.

황희는 이처럼 신분이 낮은 하인들의 말도 마음을 다치지 않도록 배려해서 공평하게 들어주었죠.

황희는 나라의 일을 처리하기 위해 계급이 높고 낮은 여러 신하들과 회의를 할 때도 항상 다른 신하들의 말을 모두 들은 뒤, 마지막에 자신의 의견을 밝혔어요. 자기가 먼저 의견을 꺼내면 다른 신하들은 의견이 달라도 주눅이 들어 제대로 이야기하지 못하기 때문이었죠. 그래서 세종은 신하들이 어떤 문제를 얘기하면 "황희 정승의 말대로 하라!"고 지시했답니다.

▲ 황희는 말다툼을 하는 여자 하인들의 하소연도 마음 상하지 않게 들어줄 정도로 배려심이 강했다.

▲ TV 드라마에서 조선 시대 임금과 신하들이 나라의 일을 놓고 회의하는 모습.

백성 편에서 일하며 가난하게 살아

1423년 강원도에 큰 가뭄이 들었어요. 세종 임금은 황희를 그 지역의 관찰사(오늘날의 도지사)로 임명해 급히 보냈어요. 황희는 먼저 관청의 창고에 보관했던 곡식을 모두 백성들에게 나눠 주었어요. 그리고 임금에게 백성들의 세금을 깎아 달라고 요청했지요. 황희가 관찰사로 지내는 동안 강원도에서는 굶어 죽는 백성이 없었답니다.

황희는 18년 동안이나 정승이라는 자리에 있었지만 옷도 허름하게 입고, 아주 작은 집에서 살았어요. 세종이 정말 가난하게 사는지 확인하기 위해 황희의 집에 갑자기 방문했는데, 방바닥이 헐어 짚으로 만든 멍석을 깔고 앉을 정도였답니다.

그때 우리나라의 북쪽 국경 지역에 살던 중국의 여진족이 자주 쳐들어와서 백성들을 괴롭혔어요. 황희는 장군들을 시켜 여진족을 물리친 뒤 마을을 만들고, 그 지역에 남쪽의 백성들을 이사해 살도록 했답니다. 그리고 마을의 백성들이 안심하고 살 수 있도록 군사 시설도 설치했어요. 이것을 4군과 6진이라고 합니다.

▲ 흉년이 들어 굶어 죽던 백성들을 구한 황희를 칭찬해 강원도 백성들이 삼척에 세운 비석(소공대비).

▲ 북쪽의 여진족을 물리치고 마을을 만들었다.

 이것만은 꼭!

세종대왕

세종은 한글을 만든 조선의 4대 왕입니다. 백성의 농사에 도움을 주기 위해 측우기와 물시계 등 많은 과학 기구를 만들었어요. 이때에는 학문과 문화가 무척 발전했습니다. 북쪽의 여진족을 몰아내 국경을 튼튼히 하고, 남쪽 백성들을 괴롭히는 일본 해적들이 사는 쓰시마섬을 치기도 했습니다.

▲ 세종대왕

4군과 6진

세종 때는 지금 북한의 압록강과 두만강 지역이 중국과 우리나라의 국경선이었죠. 그런데 여진족이 자주 쳐들어와 백성을 괴롭혔어요. 이에 장군들을 보내 여진족을 몰아낸 뒤 마을 4곳을 새로 만들고, 이곳을 지키는 군사 시설 6곳도 설치했어요. 이때 압록강과 두만강을 잇는 중국과의 국경선이 만들어졌죠.

▲ 여진족을 물리칠 때 쓰던 로켓 추진 화살인 신기전.

여진족

우리나라의 북쪽 국경 근처인 만주(지금의 중국)의 동북쪽에 10세기(900~999)부터 흩어져 살던 민족입니다. 여진족은 말 등을 기르고 사냥을 하며 생활했어요. 그런데 식량이 떨어지면 국경을 넘어 우리 백성의 식량을 빼앗고 함부로 죽였지요. 나중에 중국 전체를 통일하고 청나라(1636~1912)를 세웠답니다.

▲ 여진족의 모습.

생각이 쑤욱

1 황희는 왜 서로 다투던 여자 하인들의 말을 모두 옳다고 했을까요?

2 황희가 흉년이 든 강원도로 달려가서 굶주린 백성들을 구하자, 그곳 백성들이 황희를 칭찬하는 비석을 세웠어요. 강원도 백성들 대신 비석에 칭찬하는 말을 넣어 보세요.

머리에 쏘옥

조선 시대 신분이 가장 낮은 노비

조선 시대는 양반, 중인, 평민, 천민으로 신분이 구분되어 있었어요.

그래서 왕족이나 양반은 신분이 낮은 평민과 천민을 다스렸지요.

대표적인 천민이 노비(하인)였습니다. 노비는 양반 집에 속해 집안일이나 농사를 맡아했는데, 주인이 물건처럼 사고팔 수도 있었습니다.

황희는 노비라고 해서 무시하지 않고 너그럽게 대했습니다. 그의 이러한 성품은 나라의 일을 할 때도 백성을 먼저 생각하게 했답니다.

▲ 조선의 신분제도.

생각이 쑤욱

3 조선 시대 황희 정승처럼 높은 자리에 있었다면, 백성들을 위해 어떤 일을 했을지 한 가지만 정해 실감나게 이야기해 보세요.

4 다른 사람에게 돈이나 물건을 몰래 받고 나쁜 짓을 하는 공무원들이 있습니다. 오늘날 공무원들은 국민을 위해 어떻게 일을 해야 하며, 황희 정승에게 본받아야 할 점은 무엇인지 말해 보세요.

머리에 쏘옥

바람직한 공무원이란

조선 시대에는 황희 정승처럼 오직 백성을 위해 올바르고 깨끗하게 일하는 관리(오늘날의 공무원)를 뽑아 상을 주었어요.

나라의 일을 자기에게만 이익이 되게 하거나, 돈을 받고 그 사람만 이익이 되게 처리하면, 다른 사람들이 피해를 보게 되거든요.

그래서 오늘날에도 옛날의 정신을 이어받아 국민을 위해 봉사하는 참된 공무원들에게는 상(청백리상)을 준답니다. 자기가 맡은 일을 성실하게 한 공무원, 장애인이나 노인들을 보살피거나 이웃을 위해 봉사한 공무원 등이지요.

하지만 몰래 돈이나 물건을 받고 다른 사람의 부탁을 들어주는 등 나쁜 짓을 하는 공무원들도 있어요. 그래서 이러한 짓을 하면 벌을 주는 법도 있습니다.

▲ 사람을 구하기 위해 불길 속으로 뛰어드는 소방공무원.

7 임금의 의사가 된 대장금

대장금은 누구인가

▲ MBC TV에서 방송된 드라마 '대장금'에 나오는 대장금의 모습.

대장금(?~?)은 조선 시대 중종(재위 1506~44) 임금을 치료했던 의녀입니다. 최고의 의녀로 인정을 받아 임금을 돌보는 의사가 되었지요. 중종 임금이 마지막까지 자신의 몸을 맡겼을 정도로 뛰어난 의녀로 이름을 떨쳤습니다.

함께 읽으면 좋은 책

『새앙머리 보름이』

박현정 지음, 내인생의책 펴냄, 100쪽

11세의 소녀 보름이가 아픈 이를 돌보는 의녀가 되는 과정이 그려져 있다.

생각하며 읽기

관청의 여자 노비로 일하다 의녀가 되다

대장금이 언제 어디서 태어나 어떻게 자랐는지는 기록이 없어 알 수 없어요. 하지만 『조선왕조실록』에는 대장금이 임금의 병을 고치는 의녀였는데, 실력이 아주 뛰어났다고 해요.

대장금이 살던 조선 시대에는 지방의 관청에서 부리던 여자 노비가 있었는데, 이들 가운데 의녀가 나왔어요. 의녀는 신분은 낮지만, 어릴 적부터 의학 공부를 한 전문직 여성이었답니다. 지금으로 치면 치료도 어느 정도 하고 약도 짓는 간호사로 보면 되지요.

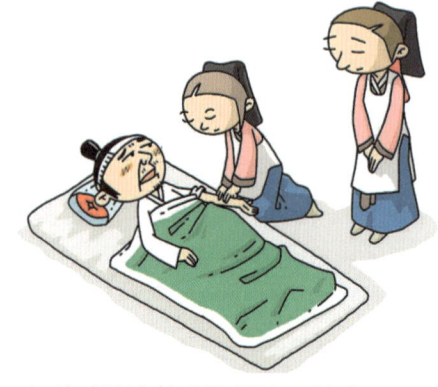

▲ 의녀들이 환자를 돌보고 있다.

조선 시대에는 남녀의 구분이 엄격해서 여자들이 남자 의원에게 진찰을 받기 어려웠어요. 그래서 아파도 치료를 받지 못했기 때문에, 여자들을 위한 의녀제도를 만든 것이랍니다. 의녀는 주로 여자들의 병을 진찰한 뒤 침을 놓고, 아기를 낳을 때 돕는 역할을 했어요.

2003년부터 2004년에 TV에서 대장금을 주인공으로 한 드라마가 인기를 끌었던 적이 있어요. 드라마에서 대장금은 의녀가 되기 전에 궁녀로 나오지만, 실제로 그런지는 알 수 없습니다.

▲ 병을 치료하기 위한 약재를 넣어두는 장.

이런 뜻이에요

궁녀 궁궐에서 일하는 여성 관리. 주로 음식을 만들고 청소와 바느질, 빨래를 하는 등 궁궐의 살림을 맡아했다.

임금을 치료하는 최고의 의녀가 되다

중종 임금 때 왕비가 원자(임금의 첫째 아들)를 낳고 몸이 아파 앓다가 죽었어요. 이때 많은 신하들이 대장금과 의관들이 제대로 치료하지 못해 그런 것이라며, 벌을 주어야 한다고 주장했어요.

하지만 중종 임금은 왕비가 원자를 낳을 때 대장금이 큰 공을 세웠는데 상을 내리지 못했고, 왕비가 원래 몸이 약했으므로 의녀에게 벌을 내리는 일은 옳지 못하다고 말했어요.

그 뒤 대장금은 중종 임금의 어머니 병을 치료해 상을 받았어요. 그리고 2년이 지나 임금을 돌보는 의사에까지 올랐답니다. 그때 천민 출신 의녀가 내의원에서 일하는 수많은 남자 의관을 제치고 임금의 의사가 되기는 거의 불가능한 일이었지요.

중종 임금은 몸이 아주 약해 종기를 자주 앓았는데, 남자 의관들이 여러 달 치료해도 고치지 못해 고생을 많이 했어요. 그런데 대장금이 치료하자 한 달 만에 나았답니다. 그래서 중종 임금은 죽을 때까지 대장금에게 자신의 간호와 치료를 맡겼답니다.

▲ 왕을 치료할 때 쓰던 휴대용 약 상자.

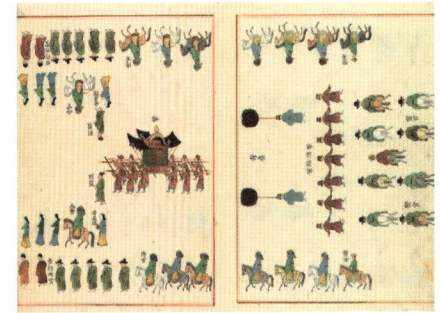

▲ 의녀들이 얼굴을 가린 채 말을 타고 왕비를 따르는 모습을 그린 그림.

이런 뜻이에요

의관 조선 시대 내의원에서 일하던 의사.
내의원 조선 시대 임금과 임금 가족들의 건강을 돌보던 관청.
종기 피부에 균이 들어가 고름이 생기는 병.

 이것만은 꼭!

조선왕조실록

조선 시대의 임금들이 한 일을 연월일 순서로 적은 역사책이에요. 임금이 죽거나 바뀔 때마다 그 다음 임금이 앞 임금의 기록을 모아 책으로 만들었지요. 임금이 한 일이 빠짐없이 자세하게 기록되어 있어 귀중한 자료입니다. 1997년에 그 가치를 인정받아 세계기록유산에 올랐어요.

▲ 조선왕조실록

드라마 '대장금'

MBC TV에서 2003년 9월부터 2004년 3월까지 방송되었던 사극입니다. 처음에는 대장금이 궁궐에서 음식을 만드는 수라간 궁녀로 일하는 모습이 나오지요. 그러다 의녀가 되어 임금을 치료하는 이야기로 끝납니다. 중국과 일본, 미국 등에 수출되어 우리 문화를 널리 알리는 역할을 했답니다.

▲ 대장금이 음식을 만들어 상을 차리는 TV 장면.

중종

중종 임금은 자신의 앞의 임금인 연산군이 나라를 잘 다스리지 못해 쫓겨나면서 11대 임금이 되었어요. 임금이 된 중종은 잘못된 정치를 바로잡고 백성을 편하게 하기 위해 노력했어요. 남쪽에서 백성을 괴롭히던 일본 해적과 북쪽의 오랑캐들을 물리치기 위해 국방도 튼튼히 했답니다.

▲ 서울 강남구 삼성동에 있는 중종 임금 무덤인 정릉.

 생각이 쑤욱

1 조선 시대에 왜 의녀라는 직업이 생겼나요?

 머리에 쏘옥

의녀가 되려면

조선 시대 의녀가 되려면 혜민서에서 교육을 받아야 했어요. 글을 읽을 줄 알아야 하기 때문에 3년 동안 한자로 된 책을 배워야 했지요. 그런 뒤 맥을 짚는 법과 침을 놓는 법, 약을 짓는 법 등을 배웠어요. 출산할 때 아기와 산모를 돌보는 의학 지식도 익혀야 했지요.

이렇게 공부한 뒤 간병의가 되면 의원을 보조하면서 병에 대해 익히는데, 그 가운데 2명만 내의녀가 될 수 있었답니다.

시험 성적이 나쁘면 지방 관청으로 돌려보내는데, 다시 노비로 일하거나 심부름하는 다모가 되기도 했어요.

2 대장금이 의녀가 되기 위해 한자 교육과 여러 가지 의술을 3년 넘게 익히고 있어요. 그런데 의녀가 되려면 성적도 뛰어나야 해서 중간에 포기하려고 해요. 대장금이 다시 힘을 내도록 여러분이 격려하는 말을 해 보세요.

생각이 쑥쑥

3 조선 시대 혜민서는 가난한 백성의 건강을 돌보고, 내의원은 임금과 그 가족의 건강을 돌봅니다. 내가 대장금이라면 어디서 일할 것이며, 왜 그런지도 말해 보세요.

혜민서	내의원
내가 대장금이라면 혜민서에서 일할 거야.	내가 대장금이라면 내의원에서 일할 거야.

4 대장금은 신분 차별과 남녀 차별을 이겨 내고 조선 최고의 의녀가 될 수 있었습니다. 나의 꿈은 무엇이며, 그 꿈을 이루기 위해 대장금에게 본받아 실천해야 할 점을 말해 보세요.

머리에 쏘옥

의녀가 일하던 혜민서와 내의원

의녀는 크게 혜민서에서 일하는 의녀와 내의원에서 일하는 내의녀로 나뉘었어요.

혜민서는 가난한 일반 백성을 치료하던 병원인데, 질병 치료에 필요한 약재도 관리했답니다. 혜민서 의녀들은 백성들이 찾아오면 의원을 도와 침을 놓고 약을 짓는 일을 했어요.

내의원은 궁궐의 임금과 임금 가족을 위한 병원이지요. 내의원에서 일하는 의녀들은 궁궐의 여성들이 아프면 직접 찾아가 치료해 주거나 아기를 낳을 때 돕는 일을 했답니다. 그런데 치료하던 임금이 죽거나 의료 사고가 나면 벌을 받았어요.

▲ 드라마에서 혜민서 의원과 의녀들이 백성을 치료하고 있다.

8 백성을 위한 지혜로 전쟁 막은 광해군

광해군은 누구인가

▲ 영화 '광해'의 포스터. 광해군은 반대 세력에 의해 왕위에서 쫓겨났으므로 초상화가 남아 있지 않다.

광해군(재위 1608~23)은 조선 시대의 왕입니다. 일본이 쳐들어온 임진왜란 때 아버지인 선조(재위 1567~1608)를 도와 큰 공을 세웠지요. 왕이 된 뒤에는 전쟁 피해를 회복하기 위해 노력했습니다. 그리고 지혜를 써서 중국이 조선에 쳐들어와 전쟁이 일어나는 것을 막았답니다.

함께 읽으면 좋은 책

『외교에 힘쓴 광해군』

박영규 글, 통근세상 펴냄, 36쪽

광해군이 우리나라와 중국 사이에 전쟁이 일어나지 않도록 한 지혜를 배울 수 있다.

생각하며 읽기

임진왜란 피해를 회복하기 위해 노력하다

광해군은 선조의 둘째 아들로 태어났습니다. 광해군이 17세 때인 1592년 일본이 조선에 쳐들어와 7년 동안 전쟁(임진왜란)이 벌어졌지요. 그때 광해군은 아버지를 도와 일본군을 무찌르는 데 큰 공을 세우고, 왕위에 올랐습니다.

광해군은 전쟁 때문에 망가진 논과 밭을 일구고, 무너진 성을 다시 쌓았습니다. 전쟁이 또 일어나면 지지 않게 군사들도 강하게 훈련시켰습니다. 다치거나 병든 백성을 돕기 위해 치료 방법을 담은 책도 펴내게 했지요.

이렇게 광해군이 조선을 안정시키고 있을 무렵, 중국에서 전쟁이 일어났습니다. 임진왜란 때 군사를 보내 조선을 도왔던 명나라와 주변 국가인 후금 사이에 싸움이 벌어졌지요. 후금이

▲ 임진왜란 때 부산에서 조선과 일본군이 싸우는 그림.

점점 땅을 넓히며 명나라를 위협했기 때문이었습니다. 명나라는 임진왜란 때 도왔으니, 이번에는 군대를 보내 자기네 나라를 도와 달라고 요청했어요.

광해군은 고민에 빠졌습니다. 군대를 보냈는데, 명나라가 지기라도 하면 힘이 커진 후금이 조선을 공격할 게 뻔했기 때문입니다.

지혜를 짜내어 힘센 중국과 벌어질 전쟁 피하다

조선은 그때 임진왜란의 피해가 엄청나게 커서 나라의 사정이 무척 힘들었습니다. 그리고 백성들이 많이 죽거나 다쳤기 때문에 군사를 모으기도 어려웠지요. 후금의 힘이 세서 명나라를 이길 수도 있을 것 같았습니다. 그렇게 되면 후금이 쳐들어와서 또 전쟁이 일어나 백성들이 고통을 당할 것입니다.

광해군은 나라를 다시 전쟁의 위험에 빠지게 할 수는 없다고 생각했습니다. 그렇다고 임진왜란 때 도와준 명나라의 도움 요청을 들어주지 않는 것도 은혜를 모르는 일이라고 보았지요.

광해군은 명나라를 도와줄 군사 1만 3000명을 간신히 모은 뒤 강홍립(1560~1627) 장군을 대장으로 정했어요. 그리고 강홍립 장군에게 명나라를 도와주되, 명나라가 질 것 같으면 후금과 싸우지 말고 상황을 봐서 후금에 항복하라고 몰래 명령했습니다.

광해군의 지혜로 조선은 명나라의 요청을 들어주면서도, 1619년 후금과 싸우다가 항복해 사이가 나빠지지 않게 되었지요. 광해군의 슬기로운 판단 덕분에 백성들은 전쟁의 고통에서 벗어날 수 있었답니다.

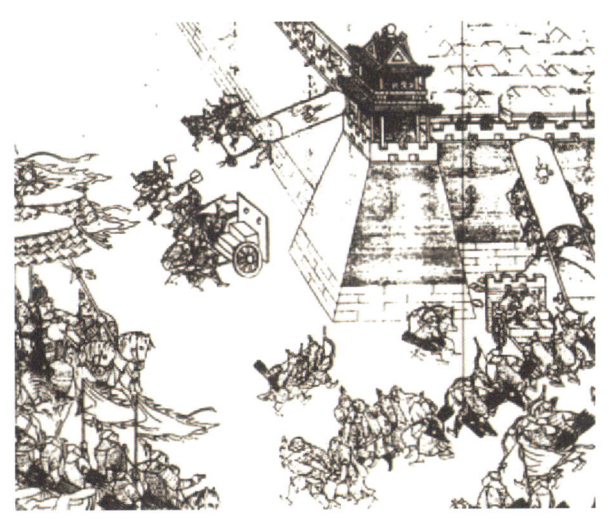
▲ 명나라와 후금이 전쟁을 하는 모습.

 이것만은 꼭!

임진왜란

　1592년 일본군이 조선에 쳐들어와 1598년까지 7년 동안 벌어진 전쟁을 말합니다. 일본은 조선에게 명나라를 공격하려고 하니 길을 빌려 달라고 했으나 이를 거절하자, 배를 타고 부산 앞바다로 쳐들어왔어요. 조선은 전쟁 준비가 안 된 상태에서 계속 지다가, 명나라의 도움과 이순신 장군 등의 활약으로 일본을 무찔렀어요.

명나라

　조선보다 32년 앞선 1368년에 중국을 지배하던 원나라를 무너뜨리고 한족이 세웠지요. 한족은 중국에서 수가 가장 많은 민족입니다. 그 뒤 조선 등 30여 개 나라가 명나라를 큰 나라로 섬기며 좋은 관계를 유지했어요. 그래서 임진왜란 때 조선을 도운 것입니다. 하지만 정치를 못해 나라 힘이 약해져 있었답니다.

▲ 임진왜란 때 조선을 도운 명나라 신종(재위 1572~1620) 황제.

강홍립 장군

　강홍립 장군은 광해군의 중국어 통역을 할 만큼 중국어를 잘하고, 중국 사정에도 밝았어요. 그래서 명나라에 지원군을 보낼 때 대장으로 정했죠. 광해군의 명령을 받은 강 장군은 조선이 명나라를 돕는 사정을 후금에게 알린 뒤 군사를 이끌고 항복했어요. 강 장군은 후금에 잡혀 있으면서도 그쪽 상황을 광해군에게 몰래 알렸답니다.

▲ 서울 신림동에 있는 강홍립 장군의 무덤.

 **생각이 쑥쑥**

1 왕이 된 광해군은 임진왜란의 피해를 회복하기 위해 어떤 일을 했나요?

2 다른 나라의 공격을 받지 않으려면 나라가 튼튼해야 합니다. 우리나라를 튼튼하게 만들기 위해 내가 지금 할 수 있는 일을 말해 보세요.

 머리에 쏘옥

외교란 무엇일까

학생이 학교에서 친구를 사귀듯 나라들끼리도 서로 친구 같은 관계를 맺습니다. 사이가 좋게 지내다가 싸우기도 하지요.

나라들 사이에 이런 관계를 맺는 것을 외교라고 해요. 나라들끼리는 규칙을 정해 놓고 물건을 사고팔기도 하고, 전쟁이 나면 서로 돕겠다는 약속도 하지요.

그런데 이런 규칙이나 약속이 지켜지지 않으면 전쟁이 일어나기도 해요.

조선은 명나라와 후금 사이가 좋지 않아 두 나라와 좋은 외교 관계를 맺기가 어려웠어요. 한쪽 편을 잘못 들었다가 나중에 다른 나라의 공격을 당할 수도 있었으니까요.

광해군은 어려운 상황을 지혜롭게 해결해 전쟁 위험에서 나라를 구한 것입니다.

▲ 광해군은 명나라와 후금 두 나라 모두와 사이가 벌어지지 않도록 하기 위해 줄타기를 하듯 조심했다.

생각이 쑥쑥

3 아래 두 친구가 서로 다투다가 나에게 편을 들어 달라고 하는데, 누구 편을 들겠습니까?

> 명이는 가끔씩 내 기분을 나쁘게 하지만 과거에 다른 애들이 나를 괴롭히는 걸 막아 준 적이 있습니다. 후금이는 힘이 세서 지금 편을 들어주지 않으면 나중에 나를 괴롭힐 것입니다.

4 지금 우리나라 지도자들이 광해군에게서 배울 점을 모두 말해 보세요.

머리에 쏘옥

명나라와 후금의 전쟁

중국은 땅이 아주 넓어서 많은 민족이 함께 살아요. 옛날에는 그 민족들이 각각 나라를 세우고 살았죠. 그런데 힘이 센 나라가 작은 나라들을 하나씩 정복해 중국 땅을 모두 차지하게 되었지요.

명나라도 중국 땅을 모두 차지한 나라였습니다. 그런데 명나라의 힘이 약해진 틈을 타서 여진족이 후금을 세우고 명나라까지 넘봤어요. 그래서 1618년 명나라와 후금 사이에 전쟁이 벌어진 것입니다. 전쟁 뒤 명나라는 힘이 약해져 멸망합니다.

▲ 여진족을 통일하고 후금을 세운 누르하치.

9 고구마 들여와 백성을 구한 조엄

조엄은 누구인가

▲ 조엄

조엄(1719~77)은 1763년 일본에 갔다가 몰래 고구마를 들여와 배고픈 우리 백성들을 구했어요. 그때 우리나라는 식량이 부족해 굶으며 살았거든요. 일본은 고구마를 다른 나라에 주지 않으려고 해서 쉽지 않은 일이었습니다. 하지만 백성을 사랑하는 조엄의 마음 때문에 고구마를 들여올 수 있었지요.

함께 읽으면 좋은 책

『백성을 굶주림에서 구한 조엄 고구마 꽃』
조경희 글, 아이앤북 펴냄, 180쪽

조엄이 통신사로 일본에 가서 고구마를 몰래 가져온 과정과 그의 백성 사랑을 엿볼 수 있습니다.

 생각하며 읽기

가난한 백성 보살피는 관리가 되기로 결심

조엄이 살던 때 우리나라는 큰 전쟁을 두 번이나 치른 뒤였어요. 그래서 식량이 부족해 굶는 백성이 많았어요. 조엄의 집안도 넉넉하지는 못했습니다. 아버지가 나라의 일을 하는 높은 관리(공무원)였는데도 깨끗하게 생활했기 때문이었죠.

▲ 강원도 원주시에 있는 조엄기념관. 이곳에 조엄의 무덤이 있다.

조엄은 아버지처럼 높은 관리가 되어 백성들을 배불리 먹여 주겠다고 다짐했습니다. 그래서 글공부를 열심히 했지요. 결국 33세 되던 1752년에 관리를 뽑는 과거 시험에 합격했습니다. 관리가 된 조엄은 능력을 인정받아 6년 뒤에는 경상도 전체를 다스리는 관찰사(지금의 도지사)에 올랐습니다.

조엄은 관찰사로 일하면서 백성들의 세금을 깎아 주었죠. 백성들은 그때 양반들에게 많은 곡식을 주고 땅을 빌려 농사를 지었는데, 세금도 바쳐야 했기 때문에 어렵게 살았어요. 그는 또 세금으로 거둔 곡식을 보관하는 창고인 조창을 지어 벼슬아치들이 곡식을 몰래 빼돌리는 것을 막았습니다. 흉년이 들면 조창에 있는 곡식을 나눠 주어 백성들을 구하기도 했지요.

> **이런 뜻이에요**
> **세금** 나라의 살림에 들어가는 돈을 대기 위해 국민들이 번 돈의 일부를 나라에 내는 돈.
> **양반** 조선 시대 백성을 다스리던 사람들. 또는 지배층을 이루던 사람들.

일본서 고구마 들여와 백성의 배고픔 덜어줘

조엄이 1763년 일본에 통신사로 갔을 때였습니다. 어느 날 시장에 나갔다가 우연히 고구마를 먹게 되었는데, 부드럽고 달콤하며 배도 불렀습니다. 그래서 고구마를 가져가면 백성들의 굶주림을 해결할 수 있겠다는 생각이 들었습니다.

하지만 일본은 그때 고구마를 다른 나라로 가져가지 못하게 막았습니다. 그래서 조엄은 몰래 들여갈 방법을 고민하다 먼저 돌아가는 관리들에게 몇 개를 숨겨 보냈습니다. 하지만 들여온 종자를 심었지만 싹이 트지 않았습니다. 할 수 없이 통신사로 가서 친해진 일본의 대마도주에게 고구마를 구해 달라고 부탁했습니다. 대마도주는 조엄이 일본 백성들에게 최선을 다해 좋은 글귀를 써 준 일을 고맙다고 느껴 일본의 왕에게 허락을 받아 주었습니다.

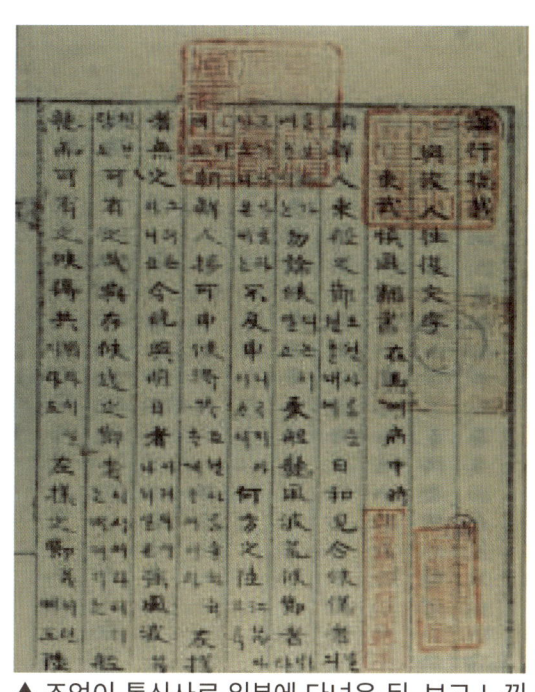
▲ 조엄이 통신사로 일본에 다녀온 뒤, 보고 느낀 점을 기록한 책(해사일기).

조엄은 여러 번 실패한 뒤 고구마 농사를 짓는 데 성공했어요. 그리고 고구마를 기르는 방법을 글로 적어 종자와 함께 전국에 나눠 주었죠. 백성들은 고구마 덕분에 배고픔을 해결할 수 있었답니다.

> **이런 뜻이에요**
> **대마도주** 일본의 섬인 대마도를 다스리는 관리.

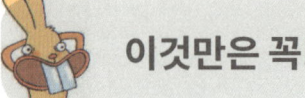

이것만은 꼭!

조창

세금으로 거둔 곡식을 보관하기 위해 강가나 바닷가에 지은 창고입니다. 여기서 배에 실어 수도인 한양으로 곡식을 옮겼죠. 이곳에 곡식을 보관하면 곡식이 햇빛에 마르거나 쥐들이 먹는 것을 막을 수 있었죠. 관리들도 몰래 곡식을 빼돌리지 못 했습니다. 흉년에는 조창의 곡식을 풀어 백성을 구할 수 있었답니다.

▲ 세금으로 거둔 곡식을 한양으로 실어 나르던 배.

통신사

조선 시대 왕의 명령으로 일본에 보낸 대표단을 말합니다. 보통 300~500명쯤 되는데, 두 나라의 귀한 물건을 주고받거나 학문과 기술을 나누기도 했죠. 통신사는 조선의 앞선 문화를 전해 주었기 때문에 일본에서는 통신사를 맞이하기 위해 길을 새로 만드는 등 준비를 많이 했답니다.

▲ 우리 통신사들의 행진 모습을 구경하는 일본의 백성들.

고구마

따뜻한 기후를 좋아하고, 기름진 땅이 아니어도 잘 자랍니다. 열매도 많이 맺는데다 줄기까지 먹을 수 있고 영양가도 풍부합니다. 부드럽고 맛도 좋아 우리 백성의 배고픔을 덜어 준 작물이죠. 요즘에는 다이어트 식품으로 인기가 높고, 우주 시대의 식량으로 정해지기도 했답니다.

▲ 수확한 고구마.

생각이 쑤욱

1 조엄은 일본에서 고구마를 처음 먹으면서 어떤 생각을 했나요?

2 고구마 농사를 짓는 데 성공한 백성들의 생활은 어떻게 달라졌을지 말해 보세요.

머리에 쏘옥

조엄이 살던 시대 백성들의 생활

조엄이 살던 때는 백성들의 생활이 참 어려웠습니다.

일본이 쳐들어와서 7년 동안 전쟁(1592~98)을 겪었고, 1636년에는 중국이 쳐들어왔지요. 그래서 수많은 백성이 죽고, 농사를 짓지 못할 정도로 땅이 망가져 식량이 늘 부족했습니다.

백성들은 봄이 되면 식량이 떨어졌어요. 그래서 풀뿌리나 벗겨낸 나무껍질 등에 잡곡을 조금씩 넣고 멀건 죽을 끓여 먹기도 했습니다. 풀뿌리나 나무 껍질은 너무 질겨서 소화가 잘 되지 않았습니다.

▲ TV에 나오는 조선 시대 제주 백성들의 굶주린 모습.

생각이 쑤욱

3 고려 때 문익점(1329~98)은 중국에 갔다가 몰래 목화씨를 들여왔어요. 그래서 두꺼운 옷감이 없던 우리 백성들이 겨울에 솜옷을 입고 따뜻하게 지낼 수 있게 되었죠. 조엄과 문익점의 닮은 점을 아는 대로 말해 보세요.

☞예)관찰력이 뛰어나다.

4 식량이 없어서 먹을 것을 찾아 떠돌아다니는 북한의 어린이들을 '꽃제비'라고 불러요. 꽃제비들을 도울 수 있는 아이디어를 내 보세요.

머리에 쏘옥

중국에서 목화씨를 몰래 들여온 문익점

고려 때 우리나라는 백성들이 입을 옷감이 삼베밖에 없었어요. 삼베로 만든 옷은 얇고 구멍이 많아 겨울에는 무척 추웠죠.

그런데 임금의 심부름으로 1360년 중국(원나라)에 갔던 문익점이 돌아오면서 몰래 목화씨를 들여왔습니다. 목화 열매에서 나온 솜으로 옷을 지어 입으면 무척 따뜻했기 때문이었죠.

그 뒤 문익점 덕분에 많은 백성이 겨울을 춥지 않게 지낼 수 있었답니다.

▲ 목화 열매가 익어 솜이 된 모습.

북한의 어린이들

북한의 어린이들은 먹을 것이 없어서 여기 저기 떠돌아다니며 쓰레기로 버려진 음식물을 주워 먹기도 합니다. 봄에는 풀을 뜯어 먹고 간신히 지내지만, 겨울에는 굶어 죽는 어린이들이 많지요.

▲ 쓰레기 더미에서 먹을 것을 주워 먹는 북한 어린이.

10 백성의 편안한 삶을 고민한 정약용

정약용은 누구인가

▲ 정약용

　정약용(1762~1836)은 조선 시대의 이름난 실학자이자 나랏일을 하던 관리였습니다. 그는 정조(재위 1776~1800) 임금을 도와 나라의 힘을 기르고 백성을 편안하게 살도록 하는 방법을 밤낮으로 연구했습니다. 정약용은 정조 임금이 돌아가신 뒤 천주교를 믿는다는 이유로 벌을 받아 18년 동안이나 유배 생활을 했습니다. 그는 유배 생활을 하는 동안에도 나라와 백성을 위해 500권이 넘는 책을 지었습니다.

함께 읽으면 좋은 책

『정약용』
김은미 지음, 비룡소 펴냄, 80쪽

　백성들이 편안하게 살 수 있도록 돕는 학문을 연구하기 위해 고민한 정약용의 모습이 담겨 있습니다.

생각하며 읽기

실생활에 도움이 되는 학문을 연구하다

정약용은 경기도 남양주의 양반 집안에서 태어났습니다. 어렸을 적부터 글재주가 아주 뛰어났지요.

그가 살았던 시대에는 신분이 높은 사람들은 편을 갈라 다투기 일쑤고, 학자들은 실생활에 도움이 안 되는 학문만 연구했지요. 또한 관리들은 세금을 마구 거둬들여 백성들은 살기가 무척 어려웠답니다.

▲ 정약용이 태어난 집. 경기도 남양주시 조안면 다산유적지에 있다.

정약용은 스물세 살에 서학을 받아들이며, 백성에게 도움이 되는 학문과 과학 기술의 중요성을 깨달았어요. 그는 스물여덟 살 때 과거에 합격한 뒤 정조 임금을 도와 나라의 잘못된 점을 고치는 데 많은 노력을 기울였습니다. 그는 임금의 명을 받아 수원 화성을 설계했답니다. 또한 성을 쌓는 데 필요한 거중기 등 기구를 만들어 공사 기간도 줄이고 비용도 절약했어요.

정약용은 1800년 정조 임금이 돌아가신 뒤 천주교를 믿는다는 이유로 벌을 받아 18년이나 유배 생활을 했어요. 그는 유배 기간에도 나라가 부강해지고 백성들이 편안하게 살 수 있는 방법을 더욱 연구해 500여 권의 책에 담았답니다.

이런 뜻이에요

서학 1600년대 이후 중국을 통해 우리나라에 들어온 천주교를 말한다.
과거 조선 시대 나랏일을 하는 관리를 뽑는 시험. 오늘날의 공무원 시험을 가리킴.
거중기 도르래의 원리를 이용해 작은 힘으로 무거운 물건을 들어 올리는 장치.
유배 죄인을 먼 곳으로 보내 그곳에서만 지내게 하는 벌.

관리가 깨끗하고, 기술 개발해야 부강해져

▲ 경기도 남양주의 '실학박물관'에 있는 『목민심서』.

정약용이 백성과 나라를 위해 지은 500여 권의 책 가운데 대표적인 『목민심서』와 『흠흠신서』, 『경세유표』의 내용은 다음과 같습니다.

◇목민심서 백성을 다스리는 관리들이 지켜야 할 내용을 밝혔습니다. 그때는 관리들이 세금을 마구 거둬들여 자기네 것으로 만들기 바빠 백성들이 살기 어려웠지요. 따라서 관리들이 깨끗해져야 하며, 봉사 정신을 앞세워 백성을 보호해야 한다고 말했습니다.

◇흠흠신서 범죄, 특히 살인 사건을 다루는 관리들에게 억울한 사람이 생기지 않도록 참고하라고 쓴 책입니다. 관리들이 조심해서 사건을 다루지 않으면 살려야 할 사람을 죽이고, 죽여야 할 사람은 살리게 되어 백성들이 고통을 당할 수도 있다고 했습니다.

◇경세유표 나라와 백성이 가난에서 벗어나려면 농업 말고도 상업과 수공업을 발전시키고, 기술을 개발해야 한다고 주장했습니다. 특히 농사를 짓지 않는 사람은 땅을 갖지 말아야 하며, 양반도 농사를 짓거나 상업과 수공업 등의 일을 해야 한다고 했습니다.

이것만은 꼭!

실학

'나라를 부강하게 하고, 백성의 생활에 도움이 되는 학문'이란 뜻입니다. 정약용이 살던 때에는 나라를 잘못 다스려 백성들이 가난하게 살았어요. 그런데도 학자들은 생활에 도움이 안 되는 학문만 강조했지요. 이때 정약용 등 학자들이 농업을 살리고, 상업과 공업을 발전시켜야 부강해진다고 주장했습니다.

▲ 경기도 남양주에 있는 '실학박물관'.

수원 화성

정조 임금이 길이 5.7킬로미터의 성을 쌓아 1796년 만든 작은 신도시입니다. 억울하게 죽임을 당한 자신의 아버지(사도세자) 무덤을 서울의 서울시립대 뒷산에서 경기도 수원 화산으로 옮기며, 화산에 살던 백성들이 이사해 살도록 지었어요. 1793년 정약용이 설계를 맡았는데, 유네스코 세계유산에 오를 정도로 우수하답니다.

▲ 수원 화성

정약용과 천주교

정약용은 젊었을 때 천주교를 받아들여 서양의 앞선 학문과 과학 기술의 중요성을 알게 되었어요. 그의 형들도 마찬가지였지요. 그런데 문제는 나라에서 천주교가 신분 질서를 무너뜨린다고 생각해 천주교 신자들을 잡아서 죽였어요. 정약용도 천주교를 믿는다는 죄로 벌을 받아 1801년부터 18년 동안 유배 생활을 했어요.

▲ 정약용이 1808년부터 1818년까지 유배 생활을 하던 전남 강진의 다산초당.

생각이 쑤욱

1 정약용이 살았던 시대에 학자들과 관리, 백성들은 각각 어떻게 살았나요?

2 정약용은 유배 생활을 하며 많은 책을 지었어요. 정약용의 입장이 되어 어린이 기자의 질문에 대답하세요.

 머리에 쏘옥

『흠흠신서』

지방을 다스리는 관리들에게 범죄 사건을 잘 처리하는 방법을 알려 주는 책입니다.

오늘날에는 범죄 사건이 일어나면 경찰이 조사하고, 법원에서 재판하지요. 그런데 조선 시대에는 지방을 다스리는 관리들이 범죄 사건도 함께 다루었답니다.

『흠흠신서』는 한자로 이루어진 말인데, '흠흠'은 매우 조심스러움을 나타내고, '신서'는 새로운 책을 뜻합니다. 범죄 사건을 다룰 때는 태도가 매우 조심스러워야 함을 알려 주려는 것이지요. 범죄 사건을 다루는 관리들이 가장 신경을 써야 할 점은, 억울한 사람을 죄인으로 만들면 안 된다는 것입니다.

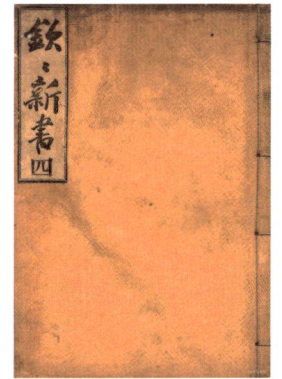

▲ 『흠흠신서』 표지.

생각이 쑥쑥

3 20년 뒤에 정약용처럼 사람들에게 도움이 되는 책을 쓰려고 해요. 어떤 책을 쓰고 싶은가요?

책 제목	
책의 쪽수와 가격	
읽으면 좋은 사람	
줄거리	

4 나라에서 천주교를 믿는다는 죄로 정약용에게 벌을 주었어요. 변호사가 되어 정약용이 잘못이 없다고 주장하세요(200~250자).

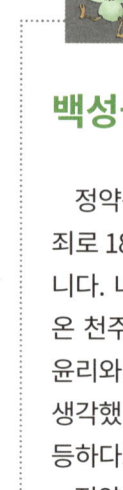

머리에 쏘옥

백성을 위한 정약용

정약용은 천주교를 믿는다는 죄로 18년 동안 유배 생활을 했답니다. 나라에서는 서양에서 들어온 천주교를 믿으면 우리의 전통 윤리와 신분 질서가 무너진다고 생각했어요. 천주교는 누구나 평등하다고 가르쳤기 때문입니다.

정약용은 천주교를 받아들였습니다. 그러나 종교로 믿은 게 아니라 학문으로 받아들였답니다. 천주교를 통해 서양의 앞선 학문과 과학 기술의 중요성을 배웠기 때문입니다.

우리의 전통 윤리는 나라에 충성하고 부모님께 효도하는 것을 말합니다. 신분 질서란 계급이 높은 양반과 이들을 주인으로 섬겨야 하는 노비, 그리고 평민 등으로 나뉜 것을 말합니다.

정약용은 양반들이 지나치게 큰 힘을 갖는 것에 반대했어요. 이들이 아무 일도 하지 않고 놀고먹으며 백성들을 괴롭혔기 때문이지요.

양반 입장에서는 정약용이 신분 질서를 흔들었다고 볼 수 있습니다. 그러나 백성 입장에서 보면 신분 질서가 흔들리는 게 나쁘지 않았겠지요.

11 우리나라 최초의 여성 의사 박에스더

박에스더는 누구인가

▲ 박에스더

박에스더(1877~1910)는 우리나라 최초의 여성 의사입니다. 1890년에 우리나라에 봉사하러 온 캐나다인 의사 옆에서 일을 도우며 의사의 꿈을 키웠지요. 그런 뒤 미국에서 의사 자격을 따고 돌아와 가난한 사람들을 치료해 줬어요. 박에스더 덕분에 수많은 사람들이 병을 고칠 수 있었답니다.

함께 읽으면 좋은 책

『**박에스더**』
이은정 지음, 비룡소 펴냄, 80쪽

우리나라 최초의 여성 의사 박에스더의 삶이 담겨 있습니다.

생각하며 읽기

캐나다인 의사 일 도우며 의사의 꿈 키워

▲ 서울 정동에 세워진 이화학당.

박에스더의 아버지는 우리나라의 서울에서 봉사 활동을 하던 선교사를 돕는 일을 하고 있었어요. 에스더는 그 선교사의 도움 덕분에 우리나라 최초의 여학교인 이화학당에 들어가 서양식 교육을 받을 수 있었어요. 또래 친구들과 다르게 이화학당에서 영어도 배웠지요.

열네 살 때부터는 우리나라에 봉사 활동을 하기 위해 온 캐나다인 의사 로제타 셔우드(1865~1951) 옆에서 일을 도우며 영어 통역도 했답니다.

에스더는 로제타를 보면서 의사가 되려는 꿈을 키웠어요. 그는 로제타가 미국에 있는 가족을 만나러 갈 때, 자기도 데려가 달라고 부탁했어요. 미국에서 의학 공부를 해 의사가 되려고 마음먹은 것이죠.

에스더는 결국 1894년에 미국으로 건너가 6년의 공부 끝에 의과대학을 졸업하고 의사가 될 수 있었어요. 그는 미국에서 의사로 일할 수 있는 기회가 있었지만, 우리나라로 돌아와 로제타와 함께 봉사 활동을 하기로 결심했습니다.

▲ 로제타 셔우드. 26세 때 우리나라로 봉사 활동을 하러 와서 박에스더를 만났다.

이런 뜻이에요

통역 대화할 때 뜻이 안 통하는 외국어를 뜻이 통하는 말로 바꿔 주는 일.

10년 동안 수많은 여성 환자 치료하다 숨져

미국에서 돌아온 에스더는 로제타와 함께 10년 동안 서울과 평양 등을 오가며 수많은 사람들을 치료했지요. 외출이 어려운 환자들은 직접 방문해 치료하기도 했습니다.

에스더는 특히 여성들을 치료하는 데 집중했어요. 에스더가 서울에서 일했던 보구여관은 우리나라 최초의 여성 전문 병원이었어요. 그때 우리나라는 남녀 구분이 엄격해서 여성은 병에 걸려도 남자 의사에게는 치료를 받지 못했거든요.

▲ 여성 전문 병원인 보구여관. 이화학당 안에 있었다.

에스더는 미국에서 배운 과학적인 치료법을 알리는 일도 했어요. 그때는 사람들이 교육을 제대로 받지 못해 뼈가 아파도 개고기 국물을 약으로 먹으면 낫는다고 생각할 정도였거든요. 그래서 환자들이 잘못 아는 건강 지식을 바로잡기 위해 노력했답니다.

에스더는 휴가 때도 일을 해야 할 정도로 바빴어요. 여성을 돌봐 줄 수 있는 의사가 많지 않았기 때문이지요. 에스더는 이 바람에 피로가 쌓여 병을 얻었고, 35세의 젊은 나이에 세상을 떠나고 말았답니다.

이런 뜻이에요
보구여관 서울 정동에 있던 우리나라 최초의 여성 병원.

이것만은 꼭!

선교사

외국에 나가 봉사 활동을 하면서 기독교의 가르침을 알리는 사람을 말합니다. 조선 시대 말에는 미국인 선교사들이 우리나라에 많이 들어왔어요. 우리나라에 들어온 선교사들은 서양식 병원이나 학교를 세워 어렵게 사는 우리나라 사람들을 돕고 가르쳤답니다.

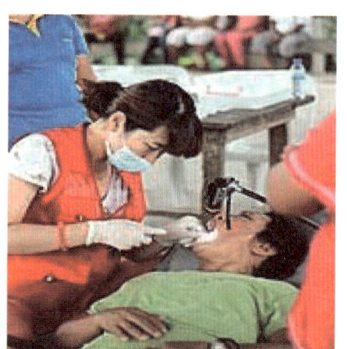
▲ 현재 외국에서 봉사 활동을 하는 우리나라 의사 선교사들.

이화학당

1886년에 세워진 우리나라 최초의 여성 학교입니다. 조선 시대에는 남녀 차별이 심해 여성은 교육을 거의 받지 못하고, 집안일을 하거나 바느질을 배우는 게 전부였지요. 미국인 선교사 스크랜튼(1856~1922)은 여성을 위한 학교가 필요하다고 생각해 이화학당을 세웠답니다. 여기서는 초등학교부터 고등학교까지의 과정을 가르쳤어요.

▲ 이화학당에서 수업 받는 여학생들.

로제타 셔우드

우리나라에서 봉사를 하다 결혼한 캐나다인 남편을 잃은 뒤에도 떠나지 않고 우리나라 환자들을 계속 치료했어요. 박에스더가 미국에서 공부를 마치고 돌아온 뒤에도 함께 일했지요. 로제타 셔우드의 아들은 박에스더의 봉사 정신을 본받아 황해도 해주에 결핵 병원을 세우기도 했답니다.

▲ 미국에서 로제타의 가족과 박에스더 부부(뒤에 선 두 사람)가 함께 찍은 사진.

 생각이 쑤욱

1 조선 시대 말에 우리나라에 온 선교사들은 주로 어떤 일을 했나요?

2 박에스더가 의사의 꿈을 키운 까닭을 말해 보세요.

 **머리에 쏘옥**

우리나라 최초의 여성 전문 병원 '보구여관'

1886년 미국인 선교사였던 스크랜튼 목사의 요청에 의해 서울 정동의 이화학당 안에 세웠어요.

그때는 남녀 차별 때문에 여성들이 아파도 치료를 받을 곳이 없어 여성 전문 병원으로 세운 것이랍니다.

박에스더와 로제타 셔우드도 보구여관에서 환자들을 치료했어요.

여성 환자를 돌봐 줄 병원이 없었기 때문에 해마다 수천 명의 환자들이 보구여관으로 몰려들었답니다.

1903년에는 이곳에서 우리나라 최초의 간호사 교육 기관을 세워 여성 간호사를 키워 내기 시작했어요.

보구여관은 오늘날 이화여자대학교 의과대학병원으로 발전했답니다.

▲ 서울 양천구에 있는 이화여자대학교 의과대학병원.

67

생각이 쑤욱

3 아래 상황에서 내가 박에스더라면 어떻게 결정했을지 말해 보세요.

> 미국의 의과대학에서 함께 공부한 친구가 미국에 남아 같이 의사로 일하자고 말했다. 그 친구는 우리나라보다 미국에서 의사로 일하면 병원 시설도 좋은데다 돈도 많이 벌고, 더 많은 사람들을 치료할 수 있다고 알려 주었다. 그리고 내가 좋아하는 의학 연구도 더 많이 할 수 있다는 것이다.

4 나의 꿈은 무엇이며, 그 꿈을 이루기 위해 박에스더에게 본받고 싶은 점을 말해 보세요.

머리에 쏘옥

박에스더의 도전 정신

박에스더는 미국에서 어렵게 의학 공부를 마쳐서 의사가 될 수 있었어요. 그때 미국은 인종 차별도 심하고, 생활 문화가 우리나라와 많이 달라 적응하기 어려웠어요.

하지만 박에스더는 의사가 되어 가난해서 아파도 참고, 의술이 부족해 고통을 받는 우리나라 사람들을 치료하겠다는 꿈을 포기하지 않고 공부에 열중했어요. 결국 의과대학을 우수한 성적으로 졸업하고, 의사가 될 수 있었답니다.

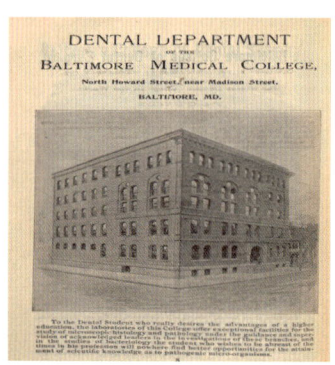

▲ 박에스더가 졸업한 미국의 볼티모어 의과대학 모습.

12 민족의 위대한 지도자 김구

김구는 누구인가

▲ 독립운동가 김구.

김구(1876~1949)는 지금 북한의 황해도 해주에서 태어났습니다. 그는 일본이 우리나라를 강제로 빼앗았던 때(1910~45)에 나라의 독립을 위해 싸웠습니다. 그는 나라를 되찾으려면 교육을 통해 백성을 일깨우는 것이 필요하다고 생각해 학교를 세웠습니다. 또 중국의 상하이로 건너가 임시정부를 만들어 일본에 맞서 싸웠습니다. 그는 우리나라가 독립한 뒤에 남북한으로 나뉘자 통일을 이루기 위해 노력하다 숨졌습니다.

함께 읽으면 좋은 책

『김구』

김선희 지음, 비룡소 펴냄, 72쪽

나라의 독립을 위해 싸우며 어떠한 어려움 앞에서도 의지를 꺾지 않은 김구의 삶을 엿볼 수 있습니다.

생각하며 읽기

명성황후의 원수를 갚은 청년

김구가 태어난 때는 일본과 중국 등 많은 나라들이 우리나라를 서로 차지하려고 다투던 시기였습니다. 김구는 어렸을 적부터 정의감이 넘쳤습니다. 열아홉 살에 중국으로 건너간 뒤 의병단에 들어가 나라를 빼앗으려는 일본군과 싸웠습니다.

1895년 고국으로 돌아온 김구는 일본에게 죽임을 당한 명성황후의 원수를 갚기 위해 일본군 장교를 죽였습니다. 경찰에 잡힌 김구는 재판을 받으면서도 나라를 빼앗고 명성황후를 죽인 일본의 잘못을 나무라며 당당하게 맞섰습니다. 김구는 재판에서 사형 선고를 받았으나, 고종이 특별히 그를 용서한다는 명을 내려 죽음을 면하게 되었습니다.

▲ 김구의 가족 사진. 앞줄에 앉은 사람이 어머니이며, 뒷줄 왼쪽부터 큰아들, 김구 본인, 작은아들.

고향으로 돌아온 김구는 나라의 힘을 기르려면 교육이 중요하다고 생각해 학교를 세웠습니다. 그는 고향을 중심으로 여러 고을을 돌아다니며 교육의 중요성을 강조하고, 백성의 애국심을 불러일으켰습니다.

이런 뜻이에요
의병단 외적의 침입을 막기 위해 백성이 만든 군대.
명성황후 조선 제26대 왕인 고종(재위 1863~1907)의 왕비.
선고 선언해 널리 알림.

독립한 뒤에 남북한 통일 위해 노력

1919년 3월 1일 일본에게 빼앗긴 나라를 되찾자는 독립 운동이 일어났습니다.

독립 운동이 일어난 뒤 김구는 일본이 심하게 감시하자 독립운동가들을 이끌고 다시 상하이로 갔습니다. 그리고 상하이에서 우리나라의 임시정부를 세우는 데 참여했습니다.

▲ 1949년 7월 5일 서울 효창공원으로 향하는 김구의 장례 행렬

김구는 임시정부에서 독립 운동을 지휘하고, 군대를 만들어 일본을 우리나라에서 몰아내기 위해 많은 일을 했습니다. 점점 실력을 인정받은 김구는 1940년 임시정부에서 가장 높은 주석이 되었습니다.

1945년 8월 15일 마침내 우리나라가 일본의 지배에서 벗어났습니다. 하지만 남북한으로 나뉘게 되었습니다. 김구는 민족을 하나로 합치기 위해 다시 노력했습니다. 하지만 공산주의가 차지한 북한이 협조하지 않아 실패했습니다.

김구는 그 뒤로도 남북한을 하나로 합치고 민족을 화합시키기 위해 애쓰다 1949년 한 군인이 쏜 총탄에 맞아 세상을 떠나고 말았습니다.

이런 뜻이에요

독립운동가 나라의 독립을 위해 여러 가지 일을 하던 사람.
임시정부 1919년 4월 중국 상하이에서 나라의 독립을 위해 임시로 만든 정부.

이것만은 꼭!

백범일지

김구가 독립 운동을 하며 직접 쓴 자서전입니다. 두 권으로 되어 있는데, 1권은 임시정부에서 독립 운동을 한 내용을 두 아들에게 편지글로 남긴 것입니다. 2권은 해방되는 순간까지 자신이 실천했던 독립 운동 내용을 기록했습니다. 백범은 김구의 호입니다.

▲ 백범일지

3·1운동

1919년 3월 1일 우리 민족이 일본의 지배에서 벗어나 독립을 원한다는 뜻을 세계에 알리기 위해 벌인 독립 운동입니다. 전국적으로 200만 명이 넘는 사람들이 참여해 두 달이 넘도록 계속했습니다. 이 과정에서 8000명 이상이 일본군에 의해 목숨을 잃었습니다.

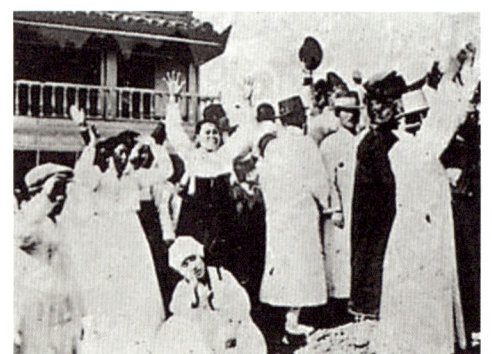
▲ "독립 만세!"를 외치는 사람들.

명성황후 시해 사건

1895년 10월 8일 일본군과 일본의 명령을 받은 암살범들이 궁궐에 침입해 명성황후를 죽인 사건을 말합니다. 일본은 그때 러시아와 손을 잡고 일본에 맞서려던 명성황후를 막기 위해 이 같은 일을 저질렀습니다.

▲ 명성황후

생각이 쑤욱

1 기사를 읽고 김구가 한 일을 세 가지 이상 말해 보세요.

2 10만 원권 지폐를 새로 만들고 싶은데, 지폐에 들어가는 인물을 김구로 추천하고 싶습니다. 그 까닭을 말해 보세요.
☞우리나라의 여러 지폐에 들어간 인물의 공통점을 찾으세요.

3 김구는 항상 어린이를 나라와 민족의 희망이라고 부르며 아꼈어요. 왜 그랬을까요?

머리에 쏘옥

김구 선생의 어머니

▲ 곽낙원

김구 선생의 어머니인 곽낙원(1859~1940) 여사가 생일을 맞았을 때의 일입니다. 김구의 학교 친구들은 조금씩 돈을 모아 어머니의 생일 잔치를 준비했습니다. 이 사실을 안 곽 여사는 자기 입맛대로 음식을 만들어 먹겠다고 돈을 달라고 했습니다. 생일이 되자 곽 여사는 그 돈으로 권총 두 자루를 사 친구들에게 주며 이렇게 말했습니다.

"자네들이 준 돈으로 샀다네. 나라 잃은 처지에 내가 어떻게 생일 잔치를 할 수 있겠나? 이 총으로 하루 빨리 우리나라의 독립을 이뤄 주게."

곽 여사는 이처럼 독립을 위한 의지가 굳었습니다.

생각이 쑤욱

4 김구는 일본에게 빼앗긴 나라를 되찾기 위해 다양한 활동을 벌였어요. 나라면 빼앗긴 나라를 찾기 위해 어떤 일을 할 수 있었을까요?

5 김구는 우리나라가 세계의 존경을 받는 나라가 되길 바랐어요. 내가 바라는 우리나라의 모습은 무엇인가요?

나는 우리나라가 _____
_____ 나라가 되길 바랍니다.
또 _____
_____ 한 나라가 되었으면 좋겠습니다.
_____
_____ 때문입니다.

머리에 쏘옥

김구가 원했던 나라

김구는 『나의 소원』이라는 책에서 다음과 같이 말했습니다.

"나는 우리나라가 세계에서 가장 아름다운 나라가 되기를 원한다. 가장 부자인 나라가 되기를 원하지 않는다. 내가 남의 침략에 가슴이 아팠으니 우리나라가 남을 침략하는 것도 원하지 않는다. 우리의 재산은 우리의 생활을 넉넉하게 할 만하고, 우리의 힘은 남의 침략을 막을 만하면 충분하다. 오직 가지고 싶은 것은 문화의 힘이다. 나는 우리나라가 남의 것을 따라하는 나라가 되지 말고, 남의 목표가 되고 모범이 되길 바란다. 그래서 진정한 평화가 우리나라에서 시작돼 세계에서 이뤄지길 바란다."

▲ 1948년 북한의 평양 모란봉에서 열린 남북 협상에서 연설하는 백범.

인물로 배우는 펀펀 역사 4호 답안과 풀이

백제를 세운 온조

♣7쪽
1. 독해력을 기른다.
☞예시 답안
　나, 온조는 고구려의 왕이 되고 싶었다. 그래서 매일 말타기와 활쏘기 등 무예 훈련에 힘썼다. 하지만 아버지는 갑자기 나타난 큰형에게 왕위를 물려주었다. 이제 내 뜻을 펼치기 위해 따로 나라를 세우기로 결심했다.
2. 독해력을 이용해 정보를 요약하는 능력을 기른다.
☞예시 답안
　물이 풍부했다/땅이 기름졌다/주변에 온조를 위협할 나라가 없었다 등.
3. 학습한 정보를 이용해 추론하는 능력이 필요하다.
☞예시 답안
　나무 기둥 사이에 판자를 대고 흙을 다져 성을 쌓는 이 일은 무척 힘든 줄 알고 있소. 하지만 백성들이여! 조금만 더 서두릅시다. 이 성이 완성되면 북쪽의 말갈족을 더 쉽게 막을 수 있어 안심하고 농사를 지으며 편안하게 살 수 있을 것이오. 또 다른 나라들도 이 성을 보고 백제가 결코 만만한 나라가 아님을 알게 되는 등 좋은 점이 있을 것이오.
　그러니 나 온조를 믿고 따르시오!

♣8쪽
4. 학습한 정보를 이용해 추론하는 능력을 기른다.
☞예시 답안
　아들아, 아버지는 백제를 세우고 백성들이 안심하고 살 수 있도록 평생을 다 바쳐 일했단다. 그러니 너도 왕이 되면 온 힘을 다해 외적들에게서 백성을 지키고 나라를 발전시키도록 하거라.
5. 학습한 정보를 바탕으로 종합적인 능력을 기른다.
☞예시 답안
　친구야, 여기 백제 온조 우표 멋지지? 온조는 원래 고구려의 둘째 왕자로 태어났어. 그런데 그는 큰형이 고구려의 왕위를 물려받자 따로 나라를 세우려고 남쪽으로 내려왔어. 온조는 한강 근처까지 내려와서 산에 올라 나라를 세울 자리를 찾아봤지. 그는 한강 주변에서 물이 풍부하고 땅이 기름지며 주변에 위협이 될 만한 큰 나라가 없는 곳을 찾아 백제를 세웠지. 그 뒤 온조는 백제를 괴롭히는 말갈족을 막기 위해 성을 쌓고 군사를 길렀지. 또 백제의 땅을 넓히기 위해 주변 나라들과 전쟁도 자주 벌였단다. 온조는 백제를 다스리면서 나라를 강하게 만들고, 백성을 편안하게 살도록 해서 지금까지도 존경 받는 왕으로 남았단다. 너도 백제 온조 우표를 갖고 싶은 마음이 생기지 않니?

굶주리는 고구려 백성을 구한 을파소

♣13쪽
1. 독해력을 기른다.
☞예시 답안
　- 진대법을 만들어 백성들에게 싼 이자로 곡식을 빌려주었다/세금을 함부로 쓰는 관리들을 잡아들였다/백성들에게 못된 관리들이 빼앗은 재산을 돌려주었다/흉년이 들었을 때 백성들에게 대궐 창고의 쌀을 나누어 주었다 등.
　- 을파소는 이런 일을 할 때 백성을 사랑하는 마음을 갖고 있었다. 그는 백성을 위하는 길이 곧 나라를 위하는 길이라고 믿었다. 백성들이 편안하게 살아야 나라도 강해질 수 있다고 생각했기 때문이다.
2. 배경 지식을 바탕으로 추론하는 능력을 기른다.
☞예시 답안
　백성들을 괴롭히는 귀족과 관리들은 권력(힘)이 무척 세기 때문에 이들을 누르려면 그들보다 더 강한 권력이 필요했기 때문이다. 그래서 다른 신하들보다 더 높은 국상의 자리를 원한 것이다.

♣14쪽
3. 본문에서 얻은 배경 지식을 바탕으로 추론하는 능력을 기른다.
☞예시 답안
　봄에 곡식이 없어 굶주리는 일이 없을 것이다/굶주리지 않아 건강이 좋을 것이므로 농사를 잘 지었을 것이다/비싼 이자를 내지 않아도 되니 살림살이가 더 넉넉해졌을 것이다/귀족에게 곡식을 빌리지 않아도 되니 노비가 되는 백성의 수도 줄었을 것이다 등.
4. 본문에서 얻은 지식을 바탕으로 문제를 해결하는 능력을 기른다.
☞예시 답안
　가난한 사람들을 조사해 필요한 생활비를 지원할 것이다. 이들에게는 병원비를 무료로 하고, 세금도 내지 않도록 할 것이다. 자녀들의 학교 급식비와 방과후 학교 비용도 나라에서 대주겠다. 혼자 사는 노인들에게는 돌보미를 보내 돕겠다. 장애인들을 위한 편의 시설도 많이 만들겠다. 무엇보다 일자리를 잃은 사람들이 새로운 직장을 구할 수 있게 돕고, 직장을 구할 때까지는 생활비를 지원하겠다.

울릉도를 신라 땅으로 만든 이사부

♣19쪽
1. 독해력을 기른다.
☞예시 답안
　신라의 장군들이 우산국 정벌을 꺼리고 있을 때 앞장서서 지원해 우산국을 우리 땅으로 만들었다/친구들과 함께 산과 강으로 다니면서 공부하고 무예를 익혔다/중국 역사책을 공부하면서 나라를 다스리는 방법과 전쟁에서 이기는 방법을 배웠다 등.
2. 독해력을 바탕으로 추론하는 능력을 기른다.
☞예시 답안
　이사부를 보내 우산국을 정벌해야겠어.
　왜냐하면 우산국이 신라에 자주 쳐들어와서 백성을 죽이고 물건을 훔쳐가기 때문이야. 이사부를 보내 우산국을 정벌해 백성의 생활을 안정시켜야겠어. 또 신라의 힘이 강하다는 사실을 다른 나라에 널리 알려야지.
3. 배운 정보를 바탕으로 요약하는 능력을 기른다.
☞예시 답안

준비할 내용	이유
우산국에 대해 알아보기	적을 자세히 알아야 전쟁에서 이기는 방법을 찾을 수 있다.
배 만들기	섬나라인 우산국을 치려면 군인들이 타고 갈 배가 필요하다.
군사 훈련하기	용감한 우산국 군사들을 이길 수 있는 군사들로 만들려면 훈련이 필요하다.

♣20쪽
4. 배운 정보를 바탕으로 분석력과 논리를 기른다.
☞예시 답안
　이사부가 우산국을 정벌할 때 나무사자를 써서 싸우지 않고도 승리했기 때문이다. 힘으로 대결했다면 죽거나 다치는 신라와 우산국 군사들이 많았을 것이다.
　우산국은 섬나라인 데다 군사들이 사납다고 소문이 나 있었다. 따라서 우산 군사들과 직접 싸웠다면 이기기 어려웠을 것이다. 이겼더라도 다치거나 죽는 군사들이 많이 나왔을 것이다. 이사부는 우산국 사람들이 사자처럼 무서운 맹수를 한 번도 본 적이 없다는 사실을 알았다. 그래서 우산국 군사들에게 겁을 주기 위해 나무사자를 만들어 배에 싣고 우산국으로 쳐들어갔다. 그런 뒤 우산국 왕에게 항복하지 않으면 사자를 풀어 혼내 주겠다고 위협해서 항복을 받아냈다.
5. 추론하는 능력 등 종합적인 능력을 기른다.
☞예시 답안
　독도에는 '독도이사부길'이 있다. 이사부가 독도를 우리 땅으로 만든 것을 기념하고, 일본이 억지 주장을 하지 말라는 뜻이 담겨 있다. 독도는 옛날 우산국의 땅이었다. 우산국은 지금의 울릉도에 있었던 나라였는데, 일본의 대마도와 친하게 지내면서 신라를 자주 공격했다. 그러다 512년에 이사부가 우산국을 정벌한 뒤부터 울릉도와 독도는 우리 땅이 되었다. 일본은 1905년 이후 독도를 다케시마라고 부르면서, 자기네 땅이라고 우기고 있다. 일본의 억지 주장에 맞서 우리나라는 이사부가 우산국을 정벌한 뒤부터 줄곧 독도가 우리 땅이었다고 말한다.

고구려를 이은 발해 세운 대조영

♣25쪽
1. 독해력을 기른다.
☞예시 답안
자신이 자랑스러운 고구려인임을 항상 잊지 않았다/나라를 튼튼히 하는 과정에서 어려움을 용감하게 헤쳐 나갔다/말갈족까지 너그럽게 끌어안았다 등.
2. 독해력과 추론 능력이 필요하다.
☞예시 답안
상대의 문화도 자기네 문화처럼 소중함을 인정할 수 있어야 한다. 자기네 문화만 소중하다고 생각하면서 상대의 문화를 얕잡아보면 다툼이 일어나게 된다.

♣26쪽
3. 인과 관계에 의한 사고력과 그림을 그리는 능력을 기른다.
☞예시 답안
- 동모산을 서울로 삼은 까닭은, 바깥에서 적이 쳐들어오는 것을 쉽게 막을 수 있었기 때문이다.
- 동모산의 모습 상상해 그릴 때 중앙에는 성을 그리고, 사방에는 높은 산줄기들이 둘러싸야 하며, 동북쪽에는 강이 흘러야 한다.
4. 자신의 의견을 논리적으로 펼치는 능력을 기르는 문제다.
☞예시 답안
중국은 발해가 말갈족의 나라라고 우깁니다. 중국이 이런 주장을 하는 까닭은 발해를 자기네 역사에 포함시키기 위해서입니다. 말갈족의 후손들이 지금 중국에 살기 때문에 말갈족이 중심을 이루었던 발해는 자기네 역사의 한 부분이라고 주장하는 것이죠.
하지만 이런 주장은 옳지 않습니다. 발해의 중심을 이루었던 사람들은 말갈족이 아니라 고구려의 후손이었기 때문입니다. 발해에는 고구려의 후손과 말갈족이 함께 살았지만, 고구려의 후손은 다스리는 입장이었고, 말갈족은 다스림을 받는 입장이었습니다.

고려를 구한 외교관 서희

♣31쪽
1. 독해력을 기른다.
☞예시 답안
㉠-과거 ㉡-거란 ㉢-압록강 동쪽 지역(강동 6주)
2. 독해력을 기른다.
☞예시 답안
고려와 송나라의 관계를 끊기 위해서다. 거란이 송나라를 공격해 중국 땅을 모두 차지하려는 계획이 있는데, 고려가 송나라의 편을 들면 이기기 어렵다고 생각했기 때문이다.

♣32쪽
3. 본문에서 배운 지식을 바탕으로 추론하는 능력을 기른다.
☞예시 답안
전쟁이 일어나 수많은 군사와 백성이 죽거나 거란에 잡혀갔을 것이다/나라의 땅을 거란에게 빼앗겼을 것이다/집이 불타고 논밭이 망가졌을 것이다 등.
4. 외교관으로서 갖춰야 할 능력과 이를 논리적으로 설명하는 능력을 기른다.
☞예시 답안
오늘날 서희처럼 뛰어난 외교관이 되려면 먼저 외국어 능력과 말솜씨가 뛰어나야 하며, 상대가 바라는 것을 알아보는 능력이 필요하다. 자기 생각을 다른 나라 사람에게 제대로 전달하려면 외국어 실력이 뛰어나야 한다. 그리고 아무리 똑똑해도 말솜씨를 갖추지 못하면 자기 생각을 바르게 전달하지 못하고, 무시를 당할 수도 있다. 또 상대가 정말 바라는 바를 정확하게 파악할 수 있어야 협상을 유리하게 이끌 수 있는 것이다.

가난해도 마음 부자로 산 황희

♣37쪽
1. 독해력을 기른다.
☞예시 답안
하인들의 신분이 낮다고 해서 무시하지 않았기 때문이다. 그리고 하인들이 마음을 다치지 않도록 배려했기 때문이다.
2. 배경 지식을 바탕으로 추론하는 능력과 정보를 압축하는 능력을 기른다.
☞예시 답안
관찰사께서 관청의 창고를 열어 굶주린 백성에게 나누어 주시니, 우리 고을 백성들이 죽지 않고 살 수 있었습니다/관찰사께서 가뭄이 들어 먹고 살기 힘든 백성들을 위해 세금을 면제해 달라고 임금님께 전해 주셔서, 힘든 때를 잘 넘길 수 있었습니다 등.

♣38쪽
3. 역사적 사실에서 얻은 교훈을 현실에 적용해 문제를 해결하는 능력을 기른다.
☞예시 답안
정승은 임금 다음으로 높은 자리다. 따라서 위로는 임금이 백성들을 위해 정치를 잘 하도록 도와야 한다. 그리고 아래로는 신하들이 자신이 맡은 일을 부지런하고 공정하게 처리하는지 살펴야 한다. 그래서 내가 정승이라면 임금이 자신의 이익만 생각하거나 잘못된 결정을 하지 못 하도록 미리 여러 가지 문제 해결 방법을 연구해 내놓을 것이다. 예를 들면 마을마다 끼니를 굶는 사람들을 조사해 나라에서 식량을 지원하는 것이다. 그리고 3년 동안 기한을 정해 놓고 굶어죽는 백성이 생기지 않는 마을에는 상을 내리고, 그 마을을 다스리는 관리도 승진을 시킬 것이다.
4. 역사적 사실에서 얻은 교훈을 현실에 적용해 문제를 해결하는 능력을 기른다.
☞예시 답안
공무원은 나라의 일을 하며 국민이 편하게 살도록 봉사한다. 따라서 공무원은 맡은 일을 최선을 다해 공정하게 처리해야 한다. 다른 사람에게 몰래 돈이나 물건을 받고 그 사람에게 이익이 되도록 일을 처리하면 안 되는 것이다. 오늘날 공무원들이 황희 정승에게 본받아야 할 점은, 자신의 이익부터 챙기지 않는 깨끗한 태도다. 황희는 부자가 될 수 있는 높은 자리에 올랐지만 항상 허름한 옷을 입었고 아주 작은 집에 살았다. 또 힘이 약한 사람들의 말에도 귀를 기울이고, 가난한 국민들을 위해 봉사하려는 마음도 본받아야 한다.

임금의 의사가 된 대장금

♣43쪽
1. 독해력을 기른다.
☞예시 답안
조선 시대에는 남녀의 구분이 엄격해 여자들이 병이 나도 남자 의원에게 진찰과 치료를 받을 수 없었기 때문이다.
2. 배경 지식을 이용해 다른 사람을 논리적으로 설득하는 능력을 기른다.
☞예시 답안
장금아, 여자들이 아파도 진찰을 받을 수 없는데, 네가 의녀가 되어 돕는다면 여자들이 얼마나 고마워하겠니. 지금은 힘들어도 네가 의녀가 되어 사람들을 치료할 때를 생각해 봐. 그리고 공부를 여기서 포기하면 다시 노비로 돌아가 더 힘든 일을 해야 되잖아. 나는 네가 의녀가 되어 보람 있게 사는 모습을 꼭 보고 싶어.

♣44쪽
3. 본문에서 얻은 지식을 바탕으로 역사적 사고력을 기르는 문제다.
☞예시 답안
- 내가 대장금이라면 혜민서에서 일할 거야. 혜민서는 아파도 가난해서 제대로 치료를 받지 못 하는 백성들이 찾아오는 병원이기 때문이야. 특히 가난한 집안의 여자들은 아픈데도 자기 몸을 남자 의원에게 보이기 부끄러워 치료를 받지 못 하는 경우가 많잖아. 그런 사람들을 위해 일하는 것이 더 보람 있다고 생각해.
- 내가 대장금이라면 내의원에서 일할 거야. 내의원은 임금님과 그 가족을 위한 병원이잖아. 임금님이 건강해야 백성을 위해 나라를 잘 다스릴 수 있지. 그리고 왕비 등 임금님의 가족이 건강하지 못 하면 신경이 쓰여서 정치를 잘 할 수 없을 거야. 왕자나 공주님을 낳을 때도 옆에서 도울 거야. 그 사람들을 위해 일하는 것이 더 중요한 일이라고 생각해.
4. 역사적 사실에서 얻은 교훈을 현실에 적용해 문제를 해결하는 능력을 기

른다.
☞예시 답안
　나의 꿈은 의사이지만 끈기가 부족하다는 말을 자주 듣는다. 의사의 꿈을 이루려면 무엇보다 공부할 때 끈기가 있어야 한다고 한다. 대장금은 의학을 공부하기 위해 한자로 된 어려운 책을 3년 동안이나 공부해야 했다. 힘들어도 포기하지 않고 열심히 공부했기 때문에 존경 받는 의녀가 될 수 있었던 것이다. 나도 대장금처럼 책상 앞에 오래 앉아 있는 끈기부터 길러야겠다. 의사가 되려는 학생들 가운데는 나보다 머리가 좋은 학생들이 많기 때문에 그들을 따라잡으려면 끈기 있게 공부하는 길밖에 없다.

백성을 위한 지혜로 전쟁 막은 광해군

♣49쪽
1. 독해력을 기른다.
☞예시 답안
　전쟁 때문에 망가진 논과 밭을 다시 일구고, 무너진 성을 다시 쌓았다. 군사들 훈련도 강하게 시키고, 다치거나 병든 백성을 위해 치료 방법을 담은 책도 펴냈다.
2. 역사적 사실에서 얻은 교훈을 현실에 적용해 문제를 해결하는 능력을 기른다.
☞예시 답안
　나라를 튼튼하게 하려면 맡은 일을 성실히 해 내는 인재가 많이 필요하다. 따라서 내가 지금 할 수 있는 일은 공부를 열심히 하고, 책을 많이 읽는 것이다. 또 건강한 어린이가 되기 위해 노력해야 한다. 운동도 열심히 하고, 일찍 자고 일찍 일어나야 하며, 편식하지 않고 골고루 잘 먹어야 한다. 국민이 건강해야 나라가 튼튼해질 수 있기 때문이다.

♣50쪽
3. 역사적 사실에서 얻은 교훈을 현실에 적용해 문제를 해결하는 능력을 기른다.
☞예시 답안
　- 명이 편을 들겠다. 과거에 나를 괴롭히는 친구들을 막아 주었으므로 보답해야 한다. 그래야 명이도 다음에 내가 또 괴롭힘을 당하면 도울 것이다. 명이가 가끔 내 기분을 나쁘게 할 때도 있지만, 그럴 땐 명이에게 기분이 나쁘다고 말하면 된다.
　- 후금이 편을 들겠다. 후금이는 힘이 세다. 그래서 내가 명이 편을 들면 분명히 나를 괴롭힐 것이다. 나는 옛날에 힘센 아이들의 괴롭힘을 당해 본 적이 있다. 그때 정말 무서웠는데, 다시는 괴롭힘을 당하고 싶지 않다. 명이가 과거 나를 도와서 미안하기는 하지만 이제는 괴롭힘을 당하고 싶지 않다.
4. 역사적 사실에서 얻은 교훈을 현실에 적용해 문제를 해결하는 능력을 기른다.
☞예시 답안
　지도자는 국민을 편안하게 하고 나라를 위험에 빠뜨리지 말아야 한다. 따라서 오늘날 지도자는 백성을 위하는 광해군의 마음과 지혜를 배워야 한다. 광해군은 전쟁이 났을 때도 백성을 구하기 위해 죽음을 두려워하지 않고 앞장서서 왜적과 싸웠다. 전쟁이 끝난 뒤에도 백성들이 다시 잘살 수 있도록 여러 가지 일을 했다. 그리고 광해군은 후금과 명나라가 싸울 때 누구의 편도 들지 않을 수 있는 지혜로운 방법을 생각해 냈다. 그래서 전쟁을 막을 수 있었고, 두 나라와도 사이가 나쁘지 않게 지낼 수 있었다.

고구마 들여와 백성을 구한 조엄

♣55쪽
1. 독해력을 기른다.
☞예시 답안
　고구마를 조선에 가져가면 굶주리는 백성들을 배불리 먹일 수 있을 것이다 등.
2. 배경 지식을 바탕으로 추론하는 능력을 기른다.
☞예시 답안
　부족한 쌀이나 보리 대신 고구마를 배불리 먹을 수 있어 굶주리는 생활에서 벗어날 수 있게 되었을 것이다/풀뿌리나 나무껍질 대신 영양가가 있고 부드러운 고구마를 먹어 소화도 잘 되고, 대변도 잘 볼 수 있게 되었을 것이다/영양가가 있는 고구마 덕분에 건강해져서 농사도 잘 지을 수 있게 되었을 것이다 등.

♣56쪽
3. 역사적 사실을 아울러서 비교하고 분석하는 능력을 기른다.
☞예시 답안
　헐벗거나 굶주리는 백성들을 사랑하는 마음이 매우 컸다/새로운 작물을 들여오기 위해 갖은 노력을 했다/백성들의 생활에 큰 도움을 주었다 등.
4. 역사적 사실에서 얻은 교훈을 현실에 적용해 문제를 해결하는 능력을 기른다.
☞예시 답안
　'꽃제비'는 먹을 것을 찾아 헤매는 북한의 굶주린 어린이들을 가리킨다. 이러한 어린이들을 위해 남한뿐만 아니라 유엔에서 북한에 식량을 지원해야 한다. 또 고구마나 옥수수처럼 북한에서도 잘 자라는 식량의 씨앗을 보내 주는 일도 중요하다. 북한의 어린이들이 건강을 되찾을 수 있게 도울 수 있는 병원을 짓고 의약품도 보내야 한다. 그리고 굶주림을 견디다 중국으로 탈출한 어린이들의 경우 대다수가 구걸을 하며 보낸다고 하는데, 이러한 어린이들이 살 곳도 마련해 주고 식량도 보내 주어야 한다.

백성의 편안한 삶을 고민한 정약용

♣61쪽
1. 독해력을 기른다.
☞예시 답안
　학자들은 실생활에 도움이 안 되는 학문만 연구했다. 관리들은 백성은 돌보지 않고 세금을 마구 거둬들였다. 백성은 관리들에게 눌려 살고 굶주림에 시달려 불행했다.
2. 역사 지식을 바탕으로 다른 사람의 입장에서 생각해 보는 힘을 기른다.
☞예시 답안
　- 왜 500여 권의 책을 지으셨나요? (나라의 힘을 기르고 백성을 편안하게 살도록 하는 방법을 찾기 위해서다.)
　- 『목민심서』의 중요한 내용은 무엇인가요? (백성을 다스리는 관리들이 깨끗해야 하며, 봉사 정신을 앞세워 백성을 보호해야 한다는 것이 그 중요한 내용이다.)
　- 『흠흠신서』는 누가 읽어야 하고, 어떤 점을 잘 보아야 하나요? (지방을 다스리면서 범죄 사건도 함께 다뤄야 하는 게 관리들이다. 이들이 잘 알아야 할 점은 범죄 사건을 다룰 때 억울한 사람을 죄인으로 만들지 말아야 하고, 이렇게 하려면 매우 조심하는 태도를 길러야 한다는 것이다.)

♣62쪽
3. 본문에서 얻은 지식을 바탕으로 자신의 진로 문제를 고민한다.
☞예시 답안

책 제목	국민이 행복한 나라
책의 쪽수와 가격	300쪽, 15000원
읽으면 좋은 사람	나라의 정책 결정에 참여하는 정치인과 관리
줄거리	국민이 행복한 나라를 만들려면 가난 때문에 병을 고치지 못 하거나 받고 싶은 교육을 제대로 받지 못 하는 사람이 없어야 한다. 돈이 없어도 치료를 받을 수 있고, 공부할 뜻과 능력만 있으면 누구나 원하는 교육을 받을 수 있게 해야 한다.

4. 역사적 사실을 바탕으로 자신의 의견을 논리적으로 표현하는 능력을 기른다.
☞예시 답안
　정약용이 천주교의 가르침에 따라 조선이 지켜온 신분 질서에 반대했던 것은 사실입니다. 그렇다고 벌을 주는 것은 옳지 않습니다. 신분 질서는 양반들에게는 이익을 가져다주었지만 백성들에게는 고통을 주었기 때문입니다. 정약용은 양반들이 지나치게 큰 힘을 갖는 것에 반대했습니다. 양반들이 아무 일도 하지 않고 놀고먹으며 백성들을 괴롭혔기 때문입니다. 좋은 나라는 백성들이 잘사는 나라입니다. 이런 나라를 만들려면 신분 질서에 반대할 수밖에 없습니다.

우리나라 최초의 여성 의사 박에스더

♣67쪽
1. 독해력을 기른다.
☞예시 답안
　　선교사들은 서양식 병원을 세워 어렵게 사는 우리나라 사람들을 치료하고, 학교를 세워 서양의 앞선 학문을 가르쳤다.
2. 독해력을 기른다.
☞예시 답안
　　박에스더는 어려서부터 캐나다인 의사 옆에서 일했기 때문에 의사의 꿈을 키울 수 있었다. 그가 살던 때에 우리나라는 여성을 치료할 수 있는 의사가 많지 않았다. 그래서 자기가 의사가 되어 병에 걸린 여성들을 치료해야겠다고 결심한 것이다.

♣68쪽
3. 본문에서 얻은 역사적 지식을 바탕으로 의사 결정 능력과 합리적으로 생각하는 힘을 기른다.
☞예시 답안
　　- 친구야 미안해. 나는 우리나라에 돌아가야 해. 우리나라에는 병에 걸려도 가난해서 아픔을 참거나, 의술이 부족해서 죽는 사람이 많아. 내가 미국에서 공부해 의사가 된 것도 우리나라 사람들을 돕기 위해서야. 나 혼자 잘살려고 미국에 남으면 마음이 편하지 않을 것 같아.
　　- 친구야 고마워. 우리 함께 미국에 남아 의사로 일하며 우리나라를 미국에 알려보자. 미국에서 의사로 일하면 병원 시설도 좋은데다 더 많은 사람들을 치료할 수 있어 보람이 있을 거야. 그리고 좋아하는 의학도 더 연구해 나중에 우리나라에 돌아가 큰 병원을 짓고 더 많은 사람을 치료해 주자.
4. 역사적 사실에서 교훈을 얻어 자신의 진로를 탐색하는 능력을 기른다.
☞예시 답안
　　제 꿈은 침대 디자이너입니다. 제가 침대 디자이너가 되면, 박에스더처럼 어려움을 겪는 사람들을 도울 수 있는 침대를 만들고 싶습니다. 예를 들면 다리가 불편한 장애인들이 편리하게 음성으로 작동할 수 있는 이동식 자동 침대를 만들어 싼값에 판다면 얼마나 좋겠습니까. 박에스더의 도전 정신을 본받아, 시각 장애인이 편리하게 이용할 수 있는 독특한 침대도 만들어 보고 싶습니다.

민족의 위대한 지도자 김구

♣73쪽
1. 독해력을 기른다.
☞예시 답안
　　나라를 되찾기 위해 독립 운동을 했다/상하이에 임시정부를 세우는 일을 도왔다/남북한을 하나로 합치기 위해 노력했다 등.
2. 역사적 배경 지식을 바탕으로 추론하는 능력을 기른다.
☞예시 답안
　　김구는 평생 나라를 위해 힘쓴 위인이기 때문에/10만 원권에서 김구를 볼 때마다 나라를 사랑하는 마음을 떠올리라고 등.
3. 역사적 배경 지식을 바탕으로 추론하는 능력을 기른다.
☞예시 답안
　　어린이는 발전 가능성이 무한하므로 그들이 지금 어떤 환경에서 어떻게 성장하느냐에 따라 나라의 미래 모습이 결정되기 때문에 등.

♣74쪽
4. 입장을 바꿔 생각하는 능력과 문제 해결 능력을 기른다.
☞예시 답안
　　외교관이 되어 일본에게 나라를 강제로 빼앗긴 사실을 외국에 널리 알린다/과학기술자가 되어 일본에 대항할 수 있는 우수한 무기를 개발한다 등.
5. 역사적 사실을 바탕으로 바람직한 국가에 대해 생각해 보는 힘을 기른다.
☞예시 답안
　　나는 우리나라가 과학 기술이 뛰어난 나라가 되길 바랍니다. 또 의학 기술도 발달한 나라가 되었으면 좋겠습니다. 그러면 다른 나라에게 지배를 당하지 않고 병으로 고통을 받지도 않는 세계 최강의 나라가 될 수 있기 때문입니다. 그러면 우리 국민은 매우 행복할 것이고, 세계 여러 나라에 도움을 줄 수도 있을 것입니다.

-끝-

한눈에 보는 한국사 연표 (선사 시대~대한민국)

우리나라	연대		사건	중국	서양사
선사 시대 ~ 고조선	기원전 2333 고조선 건국	8000년경	신석기 형성(단석기)	황하 문명	
		2333	고조선 건국(단군왕검)		
		1122년경	조선 8조금법 제정	은	
		1000년경	청동기 시작(반달돌칼, 민무늬토기, 고인돌)	주	
		800년경	조선, 왕검성에 수도 정함	춘추	
		450년경	부여 성립(소아강 상류)	전국	
		400년경	철기 보급	진	
		194	위만, 고조선의 왕이 됨(위만조선)		고대 사회
		108	고조선 멸망	한	
		59	해모수, 북부여 건국		
		57	박혁거세, 신라 건국		
		37	주몽, 고구려 건국		
		18	온조, 백제 건국		
삼국 시대	(기원전) (서기)	42	가야 건국	삼국 시대	
		194	고구려, 진대법 실시(을파소)	진	
		260	백제, 율령 반포 (고이왕)		
		313	고구려, 낙랑군 멸망		
		372	백제, 왜에 칠지도 하사 (고구려, 불교 전래)	5호 16국	
		381	백제, 불교 전래		
		391	고구려, 광개토왕 즉위		
		414	고구려, 광개토왕비 세움		
		427	고구려, 평양 천도, 안학궁 건립		
		433	나제동맹 성립		
		449	고구려, 중원 고구려비 세움		
		458	신라, 불교 전래		
		475	백제, 웅진 천도	남북조 시대	중세 사회
		503	신라, 국호를 신라, 황호를 왕이라 칭함		
		512	신라, 이사부 우산국 정벌		
		520	신라, 율령 반포 (법흥왕)		
		528	신라, 이차돈 순교로 불교 공인		
		538	백제, 사비 천도, 국호를 남부여라고 함		
		551	백제와 신라, 연합해 고구려 공격		
		554	백제 성왕, 신라와의 관산성 싸움에서 전사		
		555	신라, 북한산에 진흥왕 순수비 건립	수	
		610	고구려 담징, 일본 호류사에 금당벽화 그림		
	660 백제 멸망	612	고구려 을지문덕, 살수대첩		
	668 고구려 멸망	645	고구려, 안시성 싸움 승리	당	
		660	신라와 백제 황산벌 전투, 백제 멸망		
		668	고구려 멸망		

우리나라	연대	사건	중국	서양사
통일신라, 발해	676	신라, 삼국 통일	당	
	685	전국을 9주 5소경으로 편성		
	692	설총, 이두 정리		
	698	대조영, 발해 건국		
	702	무구정광대다라니경 인쇄		
	727	혜초, 『왕오천축국전』 저술		
	751	김대성, 불국사와 석굴암 창건		
	756	발해, 상경용천부 천도		
	771	성덕대왕신종 주조		
	828	장보고, 완도에 청해진 설치		
	894	최치원, '시무 10조' 올림		
	900	견훤, 후백제 건국		
	901	궁예, 후고구려 건국		
고려 시대	918	왕건, 고려 건국	5대 10국	
	926	발해, 거란에 멸망		
	935	신라 멸망		
	936	고려, 후삼국 통일		
	958	과거 제도 제정		
	993	거란 1차 침입(~1018년까지 3차 침입)	북송	중세 사회
	996	건원중보 주조		
	1019	강감찬, 귀주대첩		
	1033	천리장성 축조		
	1102	해동통보 주조		
	1107	윤관, 여진 정벌(9성 건설)		
	1126	이자겸의 난		
	1135	묘청의 난(서경 천도 운동)		
	1145	김부식, 『삼국사기』 50권 편찬	남송	
	1170	무신정변		
	1176	망이와 망소이의 난		
	1196	최충헌 정권 장악		
	1231	1차 몽골 침입(~1257년까지 7차례 침입)		
	1234	상정고금예문(세계 최초 금속 활자) 간행		
	1251	팔만대장경 완성		
	1270	강화에서 개경 환도, 삼별초의 항쟁	원	
	1285	일연, 『삼국유사』 완성		
	1363	문익점, 원에서 목화씨 가지고 옴		
	1377	『직지심경』 간행, 최무선, 화통도감 설치		
	1388	이성계 위화도 회군	명	

79

우리나라	연대	사건	중국	서양사
1392 고려 멸망, 이성계 조선 건국	1392	고려 멸망, 이성계, 조선 건국	명	중세 사회
조선 시대	1394	한양 천도, 정도전, 『경국대전』 편찬		
	1400	2차 왕자의 난, 태종 즉위		
	1402	호패법 실시		
	1413	조선 8도 완성		
	1418	세종 즉위, 집현전 설치		
	1432	『팔도행정도』 편찬		
	1441	장영실, 세계 최초로 측우기 설치		
	1443	훈민정음 창제		
	1446	훈민정음 반포		
	1456	사육신 처형(단종 복위 사건)		
	1474	성종, 『경국대전』 반포		
	1506	중종반정		
	1543	백운동서원(최초 서원) 건립		
	1568	이황, 『성학십도』 지음		
	1583	이이, 10만 양병설 건의		근대 사회
	1592	임진왜란 발발, 한산도대첩		
	1593	행주대첩		
	1597	정유재란		
	1598	이순신, 노량해전서 전사		
	1609	일본과 국교 재개(기유약조)		
	1610	광해군, 허준, 『동의보감』, 25종 편찬		
	1623	인조반정		
	1627	정묘호란, 벨연 일행 제주도 표착		
	1636	병자호란	청	
	1678	상평통보 주조		
	1708	대동법 전국 시행		
	1712	백두산 정계비 세움		
	1725	영조, 탕평책 실시		
	1750	균역법 실시		
	1780	박지원, 『열하일기』 지음		
	1788	천주교 금지		
	1792	정약용, 거중기 발명		
	1796	화성 완성		
	1811	홍경래의 난		
	1818	정약용, 『목민심서』 완성		
	1860	최제우, 동학 창시		
	1861	김정호, 대동여지도 간행		

우리나라	연대	사건	중국	서양사
1863 고종 즉위 흥선대원군 집권	1863	고종 즉위, 흥선대원군 집권	청	근대 사회
개항기	1865	경복궁 중건(~1872년)		
	1866	제네럴셔먼호 사건 발발, 병인양요		
	1871	신미양요, 서원 철폐		
	1876	강화도조약 체결		
	1883	태극기를 국기로 제정, 한성순보 창간		
	1884	갑신정변, 우정국 설치		
	1894	갑오개혁 추진, 동학농민운동		
	1895	을미사변		
	1897	아관파천, 독립협회 결성, 독립신문 창간		
	1899	경인선 철도 개통		
	1905	을사조약, 동학을 천도교로 개칭		
	1907	국채 보상 운동, 헤이그 밀사 사건, 고종 퇴위		
	1909	안중근, 이토 히로부미 사살		
일제 강점기	1910 조선총독부 설치	1910	국권 피탈(일제강점기 시작)	
	1914	대한광복군 정부 수립		
	1919	3·1 독립운동, 대한민국 임시정부 수립		
	1920	봉오동과 청산리 전투 승리		
	1926	6·10 만세운동 발발	중화 민국	
	1932	이봉창·윤봉길 의거		
	1936	손기정, 베를린올림픽 마라톤 우승		
	1940	한국광복군 창설, 창씨개명 실시		
1945 8·15 광복	1945	8·15 광복, 모스크바 3상 회의		
대한민국	1948 대한민국 정부 수립	1948	대한민국 정부 수립		현대 사회
	1950	한국전쟁 발발		
	1953	휴전협정 조인		
	1960	4·19 혁명		
	1961	5·16 군사정변	중화인민 공화국	
	1962	1차 경제 개발 5개년 계획 수립		
	1970	경부고속도로 개통		
	1972	7·4 남북 공동성명 발표, 남북 적십자회담		
	1979	10·26사태		
	1980	광주민주항쟁(5·18 민주화운동)		
	1988	24회 서울올림픽 개최		
	1990	소련과 국교 수립		
	1994	북한 김일성 사망		
	2000	남북 정상회담 6·15공동선언 발표		
	2002	한·일 월드컵 개최		

80